gutes leben
bene!

BETTINA WULFF

mit Heino Masemann

Anders als gedacht

Wie ich lerne, was wirklich zählt

Der Sinn des Reisens besteht darin,
die Vorstellungen mit der Wirklichkeit auszugleichen,
und anstatt zu denken, wie die Dinge sein könnten,
sie so zu sehen, wie sie sind.

Samuel Johnson

*

Die Vorstellungen, die sich miteinander vertrugen,
blieben übrig, die größte Zahl ging zugrunde –
und geht zugrunde.

Friedrich Nietzsche
Fragmente, 1883/84

INHALT

BETTINA WULFF
Prolog 10
Familienglück 14
Reisen mit leichtem Gepäck 25
Perfekt sein 51
Weichenstellungen 59
Das hält ewig 76
Alles wird wieder gut 90
Tausendundeine Nacht 96
Wann wird es wirklich besser? 109
Mein Platz im Leben 124
Das passiert einem nicht zweimal – oder? 134
Es kocht innerlich 138
Anders als gedacht 151
So fühlt sich Glück an 156
Die Kraft der Liebe 162
Von guten Mächten 182
Epilog 188

HEINO MASEMANN

Ein Junge weint nicht 38
Aufs falsche Gleis gesetzt 70
Freundschaft 74
So gehört sich das 81
Auf den zweiten Blick 106
Das darf keiner erfahren 115
Nicht einfach weiter 122
Gelingt öfters 142
Was werden die anderen sagen? 146
Sehnsucht nach einer Hand, die uns hält 171
Das Beste kommt noch! 175
Alles neu 186

UNSERE VORSTELLUNGEN:

1
VERGANGENHEITSBEZOGEN

So war es, oder so habe ich es in Erinnerung.
Sinnliche Bilder, einzelne Szenen, »Kino im Kopf«.
Eine innerliche Imitation der realen Wahrnehmungen,
die ich einstmals hatte.

2
ZUKUNFTSBEZOGEN

Wenn ich etwas voraussehe, erwarte oder befürchte.
Die Vorstellung, dass es für mich wichtig werden könnte, weil es richtig gut ist oder es sich vielleicht bedrohlich entwickelt.
Ich male es mir in Gedanken aus.

Die Vorstellung ist eine sinnliche Erfahrung,
die ich gedanklich durchspiele,
wenn ich sie mir noch einmal oder erstmals vor Augen führe.
Manchmal verändern sich dabei die Bilder.
Zum Guten oder zum Schlechten.

PROLOG

Einmal war ich mit meinem Sohn in einem Gartenlabyrinth. 2 Meter 50 – so hoch waren die Hecken in etwa, und man konnte nicht erkennen, welcher Weg der richtige war. Freudig sind wir losgelaufen und standen schon bald in der ersten Sackgasse. Also haben wir umgedreht und an der nächsten Weggabelung einen anderen Abzweig gewählt. Wir glaubten, dass dieser Weg ans Ziel führte. Aber wir täuschten uns erneut und mussten eine andere Richtung einschlagen. So ging es eine ganze Weile, bis wir endlich die Mitte des Labyrinths erreicht hatten. Dort stand ein kleiner Turm, von dem aus man die gesamte Anlage überblicken konnte.

Im Rückblick war es, von hier aus betrachtet, relativ einfach zu erkennen, welchen Weg man nehmen musste, um ans Ziel zu gelangen. Aber vorher sind wir ganz schön außer Atem gekommen, es gab einige Durststrecken zwischendurch. Und auch bange Momente für meinen Sohn, wenn wir miteinander überlegt haben, wie es nun weitergeht, und er merkte: Mama weiß es auch nicht.

So ist es irgendwie auch in der Mitte des Lebens … Ich bin etwas erschöpft von der bisherigen Wegstrecke. Ich muss wieder zu Atem kommen, mich neu orientieren. Ich bleibe stehen, halte für einen Moment inne und schaue zurück. Und ich frage mich: Wie bin ich an diesen Punkt gelangt?

Nach all den Erfahrungen, die ich bisher gemacht habe, wuchs in den vergangenen Jahren der Wunsch, sich noch einmal ganz neu mit grundsätzlichen Themen auseinanderzusetzen. Eine innere Stimme fragte: Was ist es, was bleibt? Auf was kann ich in den kommenden Jahren und (hoffentlich) Jahrzehnten bauen? Was kann wachsen? Was geht zu Ende? Und was von all dem, das ich erlebt habe, ist es wert, mit anderen geteilt zu werden – damit diese vielleicht den einen oder anderen Gedanken aufgreifen können?

Jahrelang hatte ich viele Bilder und Schablonen in meinem Kopf, wie das Leben »zu sein hat«. Wie es »richtig ist«. Von vielem musste ich mich letztlich verabschieden, um zu mir selbst zu kommen und zu erkennen, was wirklich zählt.

Obwohl meine Eltern mich als Kind nie laut zu Dingen gedrängt und mir viele Freiheiten gelassen haben, war mir seit dem Kindergarten klar, dass ich mit gutem Benehmen und Leistung irgendwie mehr gemocht und gelobt wurde, als wenn ich still und bockig allein in der Ecke mit Bauklötzen spielte. Die Sehnsucht, gemocht und geliebt zu werden, war groß. Und sie hat mich mein Leben lang geprägt.

Klar, geliebt zu werden, das ist ein angeborenes Bedürfnis. Als hilfloser Säugling und Kleinkind sichert uns die Zuneigung anderer schlicht das Überleben. Wir kommen erst einmal alle als sonnige, unbedarfte Wesen in diese Welt, bevor wir die ersten Erfahrungen in Sachen Angst und Schmerz machen und dann beginnen, diesen unangenehmen Gefühlen aus dem Weg zu gehen.

In Sachen »aus dem Weg gehen« – später nennt man es wohl verdrängen – bin ich im Laufe der Jahre ziemlich gut geworden.

Bei allem, was ich bislang in meinem Leben erfahren durfte, dachte ich sehr lange, dass ich mit meiner Verdrängungstaktik das Ganze mehr oder weniger ziemlich gut im Griff hatte. Im Nachhinein muss ich sagen: Dies war ein Irrtum.

Das Leben ist laut und aufregend. Es gibt so viel zu entdecken! Du machst mit, schmeißt dich mittenrein und kannst auf diese Weise die leisen, manchmal mahnenden Stimmen in dir eine Zeit lang prima links liegen lassen. Bloß nicht zu viel beachten – die piksenden Plagegeister in deinem Kopf. Immer schön weitermachen, die nächste Schablone ausfüllen. Irgendwann werden all die Gedanken, die mir sagen, dass es »besser wäre, wenn …«, schon von alleine aufgeben und sich verkrümeln. So die Hoffnung. Doch das tun sie nicht. Sie bleiben, und – oh Schreck! – sie nisten sich dauerhaft ein und machen es sich im Laufe der Jahre immer bequemer. So lange, bis etwas wirklich Einschneidendes passiert.

Ja, es gab immer mal wieder Situationen in meinem Leben, in denen das mit dem Verdrängen nicht mehr funktionierte. Doch dann habe ich meistens doch noch irgendwie die Kurve bekommen und bin rechtzeitig wieder in gewohnte Muster eingeschert. Aber vor einigen Monaten war Schluss. Ich habe die Kurve nicht mehr bekommen und die Karre im wahrsten Sinne des Wortes gegen die Wand gefahren. Oder in meinem Fall das Auto an einen Baum. Ich wurde auf null zurückgeworfen – und war selbst daran schuld.

Nun ist die Zeit zum Innehalten und zum Reflektieren gekommen. Zeit zum Austausch mit anderen, Gleichgesinnten. Zeit, in meinem Leben aufzuräumen und verantwortungsvolle Entscheidungen zu treffen.

Vielleicht denken Sie gerade – und was hat Heino Masemann mit all dem zu tun?

Er ist mein Seelsorger und Pastor, inzwischen ein guter Freund. Wir hatten die Idee, gemeinsam dieses Buch zu schreiben, weil wir beide Ähnliches erlebt haben. Und weil es gut ist, einen weiblichen und einen männlichen Blick auf manche Fragestellungen zu werfen.

Wir sind beide irgendwann an Grenzen gekommen, an denen uns klar wurde, dass es an der Zeit ist, einen Neuanfang zu wagen.

In diesem Buch möchten Heino Masemann und ich Sie mitnehmen auf eine innere Reise. Denn wir haben beide erfahren, wie vielschichtig und oftmals krisenhaft die Zeit sein kann, die wir als *Lebensmitte* bezeichnen. Und wie beglückend es ist, irgendwann zu spüren, wohin die eigene Reise wirklich gehen kann und dass sie noch lange nicht zu Ende ist. Vielleicht möchten Sie sich mit auf den Weg machen? »Es ist ganz anders als gedacht« – hat nicht jede und jeder von uns das schon einmal festgestellt?

Bettina Wulff

FAMILIENGLÜCK

BETTINA WULFF Glücklicherweise bin ich in eine Familie hineingeboren worden, die mir Halt gegeben hat, mir als Kind und Jugendliche Verlässlichkeit und Heimat bot. Meine Familie, das sind meine Eltern, mein älterer Bruder, liebe Tanten und Onkel, eine Cousine und viele Cousins. Ich denke vor allem an besondere Großmütter und eine starke Großtante zurück. Und viele süße Neffen sind auch schon dazugekommen.

Ich bin sehr dankbar für viele schöne Erinnerungen: besondere Momente mit meiner Mutter, meinem Vater und meinem Bruder, an die ich mich bis heute so klar erinnern kann, dass mir der Geruch von damals und die Geräusche genau im Gedächtnis geblieben sind: Meine Mutter backt Schmalzkuchen, und wir Kinder »verkaufen« sie in kleinen weißen Tütchen, mit Puderzucker bestäubt, aus dem Küchenfenster heraus an die Nachbarn. Mit einem Lächeln denke ich an den wunderbaren Duft, wenn die Kuchen aus dem Ofen kamen oder mittags nach der Schule mein Lieblingsessen auf dem Tisch stand. Ebenso nicht vergessen habe ich den Klang des kleinen Glöckchens, mit dem am Weihnachtsabend zur Bescherung geläutet wurde. Die Aufregung, die Lichter, der geschmückte Baum. All das sind wirklich gute Erinnerungen an glückliche Tage.

Ich freute mich, wenn wochentags mein Vater schon nachmittags nach Hause kam und wir etwas zusammen unternehmen konnten. Im Sommer ging es ins Freibad, oder wir fuhren eine Runde mit dem Fahrrad durch die Felder.

Und dann gab es das starke Gefühl der Geborgenheit: wenn uns meine Mutter liebevoll weckte und uns an einen gedeckten Frühstückstisch in der Küche rief. Ein warmer Tee, die fürsorgliche Ermahnung, zumindest ein kleines Stück Marmeladenbrot zu essen, bevor es mit einer gut gefüllten Brotdose in die Schule ging.

Im Teenie-Alter haben meine Eltern mir viele Freiheiten gegeben. Sie haben mir vertraut, dass ich selbst meine Grenzen erkenne, und mich so eigene Erfahrungen machen lassen. Im Nachhinein hätte ich ihnen vielleicht doch besser das eine oder andere erzählen und sie um ihren Rat fragen sollen. Das spüre ich, wenn mich heute mein eigener Teenagersohn wenigstens von Zeit zu Zeit an seiner Gedankenwelt teilhaben lässt. Dann schenkt er mir sein Vertrauen, und das freut mich als Mutter sehr. Und er lässt mich auf diese Weise manchmal auch noch einmal selbst in die spannende Zeit der Adoleszenz eintauchen. Eine Lebensphase, in der der Abgleich der eigenen Gefühle mit der Umwelt eine permanente Herausforderung darstellt.

Ich habe damals als Teenager vieles mit mir selbst ausgemacht. Einige unruhige Nächte hätte ich mir getrost ersparen können, wenn ich darauf vertraut hätte, dass meine Eltern, die natürlich auch mal jung gewesen sind, mir einen guten Rat hätten geben können. Auch wenn ich als Kind meistens sehr gerne und ausführlich am Abendbrottisch über die Dinge geredet habe, die mich tagsüber beschäftigt hatten – häufig zum Leidwesen der weiteren Familienmitglieder, die eher selten zu Wort kamen –, waren meine Hemmungen, mich meinen Eltern mit meinen

Themen anzuvertrauen, als Heranwachsende zu groß, als dass ich diese anzusprechen gewagt hätte.

Irgendwann hieß es für sie und mich loszulassen, als ich nach dem Abitur zu Hause auszog, nicht weit weg, gerade mal 25 Kilometer nach Hannover. Dennoch hat es mich immer wieder nach Burgwedel, ins elterliche Haus zurückgezogen. Ob zum Mittagessen am Sonntag, manchmal mitten in der Woche spontan, wenn ich mit einer kleinen Übernachtungstasche nach der Uni vorbeikam, oder zum »Tröstenlassen« bei Liebeskummer.

Die Studentin mit Fernweh, die es erst einmal zum Auslandssemester nach Amerika oder Asien zieht, um dann vielleicht gleich ganz dortzubleiben – nein, das war ich nicht. Ich wäre eingegangen vor Heimweh, oder vielmehr wohl vor lauter Sehnsucht nach den Menschen, die ich liebe.

Natürlich gibt es auch Themen, die schwierig sind mit den Eltern und dem Bruder. Über Gefühle wurde und wird in unserer Familie wenig gesprochen – zu groß ist vermutlich die Angst, auch mal zu viel vom eigenen Inneren zu zeigen, vielleicht Tränen laufen zu lassen oder wütend zu werden. Diese Art von Auseinandersetzung gibt es in meiner Familie nur sehr selten – dafür schwingt irgendwie vermutlich wohl der preußische Gedanke von Ratio und Disziplin in der Lebensgestaltung zu stark mit. Und dennoch wissen wir natürlich unausgesprochen um viele Gefühle des anderen.

Nie würde ich behaupten, streng erzogen worden zu sein. Doch die Autorität meiner Eltern, vor allem meiner Mutter, war unangefochten und mir immer präsent.

Für manche Frauen ist deren Mutter so etwas wie die beste Freundin. Auf diesen Gedanken würde ich niemals kommen – es sind meine Eltern, nicht meine Freunde, zwei völlig unterschiedliche Beziehungsebenen.

Meine Mutter ist eine starke Frau, die mir als Kind Sicherheit gegeben hat. Mein Vater ein ruhiger, besonnener Mann. Er war für uns Kinder da, aber niemals hätte er sich mit uns, auf dem Teppich liegend, herumgerauft. Ich habe vor beiden sehr großen Respekt, auch dass sie es geschafft haben, all die Jahre zusammenzubleiben und Schwierigkeiten gemeinsam zu meistern. Und ich fühle Dankbarkeit, für alles, was sie mir vermittelt und vor allem auch mit mir ausgehalten haben.

Für meine Kinder sind die beiden neben uns als Eltern die wichtigsten Bezugspersonen. Mit Oma und Opa können sie andere Dinge tun und auch über andere Sachen reden als mit ihrer Mama oder ihrem Papa.

Bei mir musste im Alltag immer alles schnell gehen, vor allem in den letzten Jahren. Morgens sollten meine Kinder zügig aufstehen, sich anziehen und frühstücken. Nachmittags habe ich sie schnell zum Sport gebracht, dann auf dem Heimweg noch kurz eingekauft, um wenig später das Abendbrot auf den Tisch zu zaubern. Den Großen habe ich anschließend schnell noch Vokabeln abgefragt, dann mussten vorm Schlafengehen noch rasch die Zähne geputzt werden …

Oma und Opa hingegen haben Zeit – zum Beispiel zum Entenfüttern am Teich, als die Jungs noch klein waren. Zeit, um mit ihnen auf den Spielplatz zu gehen oder sich ausgiebig mit den Neuigkeiten in der Spielzeugabteilung zu beschäftigen. Dass sie sich derart gelassen und liebevoll um meine Kinder gekümmert haben, als sie klein waren, hat mich mit tiefer Freude erfüllt. Ich finde es wunderbar zu beobachten, wie mein jüngerer Sohn in der Küche auf meinem alten Kinderherd mit meiner Mutter Pfannkuchen backt. Und ich mag es, meinem Vater zuzuschauen und zuzuhören, wenn er mit seinem jüngeren Enkel Mikado spielt und die beiden nebenbei die Fußballbundesliga durchdiskutieren. Neuerdings besucht mein großer Sohn nun seine Großeltern mit dem Motorrad, und kürzlich saß ich hinten auf dem Sozius. Dies sind wahre Glücksmomente. Das ist für mich Familie.

SO SOLL ES WERDEN!

Ich hatte schon als Mädchen und junge Frau ein klares Bild, wie ein gutes Familienleben aussieht. Und ich wusste, wie ich selbst mein eigenes Familienleben gestalten wollte. Es kam letztlich alles anders als gedacht.

Mein erster Sohn ist ein absolutes Wunschkind. Aber nach knapp einem Jahr ging die Beziehung in die Brüche, und ich zog mit meinem kleinen Sohn aus der gemeinsamen Wohnung aus. Der Schmerz und die Enttäuschung über das Scheitern waren groß. Aber auch nach der Trennung von meinem damaligen Partner war ich weiterhin fest entschlossen, das Vater-Mutter-Kinder-Modell zu verwirklichen, von dem ich immer geträumt hatte. Da gab es einen starken Anspruch an mich selbst, ein positiv besetztes Familienbild. Ein Bild, dem ich gerecht werden wollte; ein

Stück weit vielleicht auch, um meine Eltern nicht zu enttäuschen. Allein leben mit Kind, dieses Lebensmodell konnte ich mir nur als eine Art Übergangsphase vorstellen, so lange bis ich eine neue, feste Beziehung gefunden hatte.

Ich hatte damals den sehnlichsten Wunsch, einen Menschen kennenzulernen, in den ich mich noch einmal tief und innig verlieben würde. Einen, der mit mir geht, sein Leben ohne Wenn und Aber mit mir teilt.

Dann habe ich mich tatsächlich schon bald neu verliebt, in Christian. Mit Haut und Haaren habe ich mich auf die Beziehung eingelassen, mit all den gravierenden Veränderungen, die sich daraus für mein Leben ergaben. Und ich habe natürlich auch an meinem inneren Familienbild weitergefeilt. Gemeinsam mit Christian habe ich einen wunderbaren zweiten Sohn bekommen und als die damals vielleicht »bekannteste Patchworkfamilie Deutschlands« versucht, Verbundenheit und Stärke zu leben.

Dieses Lebensmodell hat eine Weile getragen. Bis sich irgendwann meine eigenen Ansprüche an die Beziehung nicht mehr mit der Realität gedeckt haben.

Mein Traum von der idealen Familie ist ein zweites und später sogar noch ein drittes Mal gescheitert. Das zu erleben, war unbeschreiblich bitter, vor allem erkennen zu müssen, dass ich eine Entscheidung treffen muss, die Konsequenzen für alle anderen Familienmitglieder hat. Und bei der letzten Trennung konnte auch noch vermeintlich ganz Deutschland dabei zusehen, überwiegend durch die Boulevardbrille beurteilt.

Mittlerweile weiß ich: Nur wenn ich mich selbst so annehme, wie ich wirklich bin, können sich eine gute Beziehung und Familienbande entwickeln. Eine Beziehung, durchaus mit einem kalkulierbaren Druck von außen – aber ohne meinen eigenen, bislang immer zu hohen Anspruch, in allem perfekt sein zu müssen. Denn der doppelte Druck wäre kaum auszuhalten, jedenfalls nicht auf Dauer. Beziehungen dürfen und müssen sich sogar verändern, damit sie gelingen. Partner sollten aneinander wachsen, ohne einen Schein nach außen wahren zu müssen.

Für mich ist heute klar: Wenn jemand in der Familie mehr Raum für sich selbst braucht, dann bekommt er ihn. Wenn jemand größerer Geborgenheit und Nähe bedarf, dann versuche ich sie zu geben.

SICH SELBST NICHT AUS DEN AUGEN VERLIEREN

Ein längeres Verharren in einer komplexen, eher schwierigen Beziehungssituation funktioniert nicht, weder nach außen noch nach innen. Eine Weile lang kann so etwas gut gehen. Dann steigt der Druck, zwangsläufig. Und irgendwann ist es nicht mehr zum Aushalten.

Beziehungen müssen »atmen«, damit sie Bestand haben können, diese Erfahrung durchlebe ich gerade und beginne Schritt für Schritt darauf zu vertrauen. Es gibt eben nicht nur »den einen, idealen Weg«, auch nicht »die ideale Patchworkfamilie«. An Konventionen und Bildern festzuhalten, mag für die einen gut sein, weil es Sicherheit gibt. Für mich braucht es mehr.

Es liegt in unserer Hand, als Eltern, Ehe- oder Lebenspartner der Familie eine Form zu geben.

Eine perfekte Familie gibt es nicht – aber ein Familienglück, das unseren unterschiedlichen Lebensphasen gerecht wird, das gibt es.

Bei allem Mühen um die Gemeinschaft mit anderen darf man sich selbst nie aus den Augen verlieren. Auch das habe ich mühsam gelernt. Die letzten Jahre haben gezeigt, dass ich als Mutter nur wirklich offen für meine Kinder sein kann, wenn ich auch darauf achte, mir selbst genug Raum zu geben. Es ist wichtig, mir einen inneren Freiraum zu bewahren, in dem ich diejenige sein kann, die ich wirklich bin, mit all meinen Fähigkeiten und Schwächen. Wenn ich manchmal einfach das machen kann, was allein mir guttut – ohne dabei ein schlechtes Gewissen zu haben. Wenn ich mir Zeit nehme, um meine Freundinnen zu treffen, Sport zu machen, zu gärtnern, spazieren zu gehen. Und wenn ich im Team an beruflichen Projekten arbeite, die ich spannend finde und deren Umsetzung mir Freude bereitet. Erst dann, wenn ich all dies im Blick behalte und mich auch um mich selbst und meine Seele kümmere, bin ich innerlich ausgeglichen.

Nur wer lernt, in sich selbst zu ruhen, kann anderen etwas geben, seinen Kindern und seiner Familie aufgeschlossen gegenübertreten, dem Partner ein echtes Gegenüber sein.

Bei mir hat es sehr lange gebraucht, bis ich das erkannt und wirklich begonnen habe es zu verinnerlichen. Es war ein schwieriger Prozess mit mutigeren und anderen, eher ängstlichen Tagen und Nächten. An guten Tagen wache ich morgens mit einer klaren, bewussten Verbindung zu mir selbst und meinen Gefühlen auf. Dann wieder fliehe ich vor meinen Ängsten frühmorgens aus dem Bett, um den Zweifeln, die sich nachts breitgemacht haben, nicht weiter Raum zu geben, weil ich auf dem neu gewählten Weg Kurs halten möchte.

Ich lerne Zentimeter für Zentimeter, mein äußeres Tun und Verhalten mit meiner Seelenlage übereinzubekommen. Das erfordert echte Übung und ist häufig ziemlich anstrengend. Doch letztlich kommt meine Seele so langsam in eine Ausgeglichenheit, die ich früher nie für möglich gehalten hätte – Tendenz steigend.

Psychologisch betrachtet versuche ich wohl seit einiger Zeit meine »inneren Kinder« anzuschauen und auch mit den Quälgeistern unter ihnen mindestens einen Waffenstillstand auszuhandeln. Nun bin ich weiß Gott keine Expertin auf diesem Gebiet, aber mir hilft das Bild, dass es in mir unterschiedliche »Kinder« oder »Wächter« gibt, ungemein. Einige davon sind seit vielen Jahren zu ziemlich penetranten Mitbewohnern geworden. Stefanie Stahl schreibt in ihrem Bestseller *Das Kind in dir muss Heimat finden* über dieses Thema – und der Erfolg des Buches zeigt, wie viele Menschen sich damit beschäftigen.

Mit der Vorstellung, sich der Handlungsmuster bewusst zu werden und sie mir nach und nach anzusehen, beginne ich mein Seelenleben zu »sortieren«. Harmloses Beispiel: Als kleines Mädchen war ich stolz, bei gemeinsamen Abendessen mit Freunden meiner Eltern schon früh mit am »Erwachsenentisch« sitzen zu dürfen, einfach weil ich mich gut benehmen konnte. Ein innerer Wächter in mir sagte: »Benimm dich so, dass die Erwachsenen dich loben, dann mögen sie dich. Tust du das nicht, sind sie enttäuscht von dir und schicken dich weg.« Also saß Klein-Bettina still bei Gesprächen dabei, die sie überhaupt nicht verstand, und aß Dinge, die sie eigentlich fürchterlich fand – ich denke nur an Honigmelone mit Schinken oder Datteln im Speckmantel. Brrr, allein beim Gedanken daran bekam ich die letzten Jahrzehnte meist ein Würgegefühl, will sagen Brechreiz. Dabei würde mir vielleicht beides heute durchaus schmecken, ich habe mir fest vorgenommen, es demnächst auszuprobieren.

Heute weiß ich um den Mechanismus, der mich damals dazu gebracht hat, brav dabeizusitzen und zu tun, was man anscheinend von mir erwartete. Ich kenne die Angst, vielleicht doch wieder von der Tischgemeinschaft ausgeschlossen zu werden – und dann damit nicht umgehen zu können. Irgendwann hätte ich damals dem inneren Wächter deutlich sagen müssen, dass er verschwinden kann. Weil ich mir traue zu sagen, dass ich eigentlich auch lieber mit den anderen Kindern gemeinsam am Tisch Pommes und Würstchen essen will. Ob das Erwachsene nun besser oder schlechter finden.

Ich habe in letzter Zeit gelernt, mir auch die ganz unbequemen inneren Nörgler anzusehen. Diejenigen, die vermeintlich seit Jahren ganz genau wissen, dass es »sicherer« für mich wäre, sie weiterregieren zu lassen, anstatt sie freundlich, aber mit Nachdruck auf die Reservebank zu verweisen. Idealerweise sollte ich wohl irgendwann auch ein gnädiges Annehmen der anstrengendsten Kandidaten zulassen. Indem ich mit einem liebevollen Blick erkenne, warum sie jahrelang mehr oder weniger vehement das innere Zepter behalten wollten. Aber das ist dann die Kür, momentan arbeite ich am Pflichtprogramm – und ohne professionelle Begleitung und Beratung würde ich diesen Weg wahrscheinlich nicht so beharrlich weitergehen.

EIGENE VERHALTENSMUSTER ERKENNEN

Indem ich endlich zulasse, mir meine inneren Strukturen ehrlich anzuschauen, werden Verhaltensmuster sichtbar, die mich bislang oft daran gehindert haben, die richtigen Entscheidungen zu treffen. Es hat gedauert, bis ich dazu bereit war, mich damit auseinanderzusetzen und meine Angst zu überwinden. Eine unbestimmte Angst, die mich davon abhält, genau hinzusehen. Die Angst, etwas Falsches zu tun. Angst, am Ende nicht gemocht oder geliebt zu werden.

Die ersten Schritte sind getan – gewachsen aus der schmerzhaften Erkenntnis, dass der Kampf, meine inneren Antreiber und Wächter loszuwerden, nicht zu gewinnen ist. Und dies kann auch gar nicht das Ziel sein. Die inneren Stimmen sind und bleiben da. Und für manche Erlebnisse und Phasen im Leben sind sie durchaus recht hilfreich. Was es braucht, ist eine gute Art, mit unseren Emotionen oder Erlebnissen umzugehen.

Der Mensch ist ein Superverdränger – das hat in der Vergangenheit ganze Generationen irgendwie überleben lassen und geholfen, um über schlimmste Erlebnisse hinwegzukommen.

Sosehr ich es auch lange Zeit versucht habe, mich von meinen inneren Antreibern frei zu machen – es ist mir nicht gelungen. Umso dankbarer bin ich jetzt dafür, mich mit ihnen konstruktiv auseinandersetzen zu können und daran zu wachsen – in meinem eigenen Tempo. Es wird alles Zeit brauchen. Viel Zeit. Und die nehme ich mir.

Vielleicht geht es Ihnen ja ähnlich? Das Gute an der Sache ist ja – wir können jeden Tag damit beginnen, etwas anders zu machen, egal wie alt wir sind. Trauen Sie sich!

REISEN MIT LEICHTEM GEPÄCK

BETTINA WULFF

»Leichtes Gepäck«. So heißt ein Lied der Band Silbermond. Der Song beschreibt auf wunderbare Weise, dass es sich lohnt, ab und an eine Bestandsaufnahme zu machen. Die Dinge zu prüfen, mit denen ich mich in meinem Leben umgebe. Zu schauen, was notwendig ist und was nicht. Und vor allem, was uns daran hindert, uns von manchem Ballast zu befreien.

Teilweise ist der Text recht radikal formuliert, wenn es zum Beispiel heißt, dass einem plötzlich auffällt, dass man 99 % von allem, mit dem man sich umgibt, eigentlich nicht braucht. Der Refrain »Es reist sich besser mit leichtem Gepäck« ist jedenfalls ein toller Aufhänger für eine regelmäßige Inventur des eigenen Alltags.

Wenn Sie auf Ihr bisheriges Leben zurücksehen, als welchen Typ Mensch würden Sie sich selbst beschreiben? Sind Sie eher »Sammler« und »Bewahrer« oder »Sortierer« und »Loslasser«?

Jemand, der sich schwer von den Dingen trennen kann, die er einmal als Teil seines Lebens begriffen hat? Oder einer, der sich mit leichter Hand von seinem Besitz verabschieden kann, ohne es später zu bereuen? Sicherlich kennen Sie gute Beispiele für das eine und das andere.

Seit Jugendzeiten versuche ich, mit möglichst wenig Besitz durchs Leben zu gehen. Das glauben Sie nicht? Ja, so denken viele, die mich nicht gut kennen. Die Medien haben über viele Jahre ein bestimmtes Bild von mir vermittelt – sicherlich habe ich mit meinem Verhalten auch dazu beigetragen. Aber es ist Zeit, auch mit diesem Bild aufzuräumen. Und nicht nur das. Aufräumen, das ist das entscheidende Wort: Immer wieder nehme ich das eine oder andere in die Hand und überlege, ob ich es wirklich brauche – Kleidungsstücke, Dekogedöns und andere Einrichtungsgegenstände … Dann überlege ich: Liegt es mir wirklich am Herzen, oder dient das Teil letztlich nur als weiterer Staubfänger in der Wohnung? Anschließend treffe ich eine Entscheidung. In vielen Fällen führt dies dazu, dass ich mich von etwas trenne. Dann verschenke ich das eine oder andere, spende es für einen guten Zweck oder verkaufe es. Der Abschied fällt manches Mal dann doch schwer – in anderen Fällen ist es leicht. Besitz kann auch belastend sein. Denn Besitz, der sich ansammelt, muss auch von mir verwaltet, in Ordnung gehalten und immer wieder neu sortiert werden.

So manches Mal hat sich früher mein Drang zu striktem Aufräumen und Sortieren auch auf die Besitztümer meiner Familie ausgedehnt – meine Kinder können ein Lied davon singen und wachen seitdem penibel über ihre Schätze in den Kinderzimmern. Wissend, dass mein Verhalten von Zeit zu Zeit übergriffig war, konzentriere ich mich mittlerweile auf die regelmäßige Prüfung meiner eigenen Habseligkeiten. Getreu dem Motto »Jeder ordne sein eigenes Leben …«.

Die für mich wirklich wichtigen Dinge, von denen ich mich auf keinen Fall trennen möchte, versuche ich in einem alten Koffer meines Vaters und einer Holzkommode mit drei großen Schubladen zu bündeln. In dem schon recht lädierten Koffer schlummern die Bücher, die für mich als Teenager am wichtigsten waren. Von *Also sprach Zarathustra* bis zu Astrid Lindgrens Buch *Kerstin und ich.* Außerdem lagern in der Kommode meine Poesiealben, viele Tagebücher und erste Liebesbriefe. Spätestens vor einem Umzug (bisher waren es 15) schaue ich mir alles noch einmal gründlich an. Dann sitze ich vor diesem Koffer, nehme Stück für Stück in die Hand und lasse dabei die Lebensphasen und Gefühle Revue passieren. Dabei frage ich mich, ob das eine oder andere wirklich für mein jetziges Leben unabdingbar wichtig ist. Oder ob die lebendige Erinnerung vielleicht auch ohne einen äußeren Aufhänger in mir weiterschwingt. Bisher gab es da allerdings nichts weiter zu reduzieren. Und ich weiß: Wenn ich aus dem Koffer etwas weggebe, würde mir tatsächlich etwas fehlen.

Mit den drei Schubladen der Kommode ist es anders. Hier gibt es etwas mehr Dynamik: Regelmäßig kommt etwas Neues hinzu. Und ab und an müssen auch Dinge, die schon länger Platz gefunden haben, anderen weichen. Wenn ich den Inhalt der Schubladen auf dem Boden vor mir ausbreite, gibt es drei Kategorien von »Erinnerungsmaterial«: zum einen viele, sehr viele Fotos, mehr oder weniger geordnet – Bilder aus meiner Kindergartenzeit, Schnappschüsse, die mich als Teenager, Studentin oder stolze Mutter zeigen. Fotos von Freundinnen und Freunden und anderen Menschen, die mir auf meinem bisherigen Weg wichtig geworden sind. Und natürlich auch zahlreiche Bilder von Begegnungen mit den unterschiedlichsten Menschen: als Partnerin und Ehefrau des niedersächsischen Ministerpräsidenten und späteren Bundespräsidenten Christian Wulff. Fotos mit gewählten und gekrönten Staatsoberhäuptern, wunderschönen Kronprinzessinnen und anderen Persönlichkeiten aus vielen Ländern der Erde.

Aufnahmen mit Papst Benedikt, Bill Gates, Michelle Obama, Angela Merkel, Bono oder Dirk Nowitzki. Bilder mit Kindern und Jugendlichen des Kinderzirkus Sankt Petersburg im Garten vom Schloss Bellevue und manches mehr.

Im krassen Gegensatz dazu stehen die Bilder von Obdachlosen, die in einer christlichen Einrichtung in Sao Paulo Unterschlupf gefunden haben. Wir haben sie dort besucht, und die Eindrücke haben mich lange beschäftigt. Aufgehoben habe ich auch die Bilder junger Mütter mit ihren Babys, die in einer neu erbauten Klinik auf uns warteten. Im Nachhinein stellte sich heraus, dass die Klinik damals eigentlich noch gar nicht fertiggestellt war. Deshalb wurden uns lediglich der Empfang und die Entbindungsstation »vorgeführt«, samt einer gerade entbindenden Mutter – was mir sehr unangenehm war.

Dann habe ich Bilder beeindruckender Menschen in der Hand, die während eines Besuchs in einem Altenheim in Istanbul entstanden sind. Als Nächstes Aufnahmen fröhlich klatschender Marktfrauen beim Rundgang über einen Basar in Antalya. Und ein gemeinsames Foto mit Hayrünnisa Gül, der Frau des damaligen türkischen Staatspräsidenten.

Während ich die Bilder betrachte, kommen viele Erinnerungen hoch. Was habe ich damals gefühlt, gedacht, gemacht? Die Bilder zeigen, wie viele großartige und ganz unterschiedliche Menschen ich bisher in meinem Leben kennenlernen durfte. Und ich rede nicht nur von Prominenten. Nein, es waren oft die »einfachen Leute«, die mit ihrer Art, das Leben zu gestalten, einen bleibenden Eindruck bei mir hinterlassen haben.

Vieles, was ich erleben durfte, lässt mich dankbar, staunend, ehrfürchtig und demütig zurück. Anderes macht mich traurig, weil ich spüre, wie begrenzt die konkreten Möglichkeiten der Unterstützung letztlich sind. Wie gerne hätte ich der evangelischen Ordensschwester in Sao Paulo mit Mitteln aus Deutschland geholfen. Wie viele tolle Projekte für Jugendliche – vom kostenlosen Mittagstisch über die Beratung für Schulabbrecher bis zur Initiative »Leselernhelfer« – durfte ich kennenlernen und hatte dann die hilflose Erkenntnis, dass meine Besuche keine nachhaltige Unterstützung bringen konnten.

SCHÄTZE

In der zweiten Schublade liegen Baby-Fotobücher meiner Kinder, daneben erste Strampelanzüge, Tauf-Urkunden, Bilder der Einschulungen und Erinnerungen an die Konfirmationsfeier meines älteren Sohnes. Das alles sind für mich ganz besondere Schätze.

Wenn ich sie betrachte, fühle ich mich in die Zeiten zurückversetzt, als das Erleben ganz unmittelbar war. Dann denke ich wieder an die beiden Schwangerschaften und die Geburten meiner Kinder. Wie beschwerlich manches war, die Schmerzen während der Wehen und der Geburt. Dann der Moment, als ich mein Kind das erste Mal in die Arme nehmen konnte – das sind mit die wunderbarsten Momente meines Lebens. Kinder zu bekommen und sie in ihrem Wachsen zu begleiten, ist ein Geschenk.

Ich komme ins Schwärmen bei der Betrachtung der Erinnerungen – aber ich will Ihnen verraten, was sonst noch alles in meiner Kommode zu finden ist.

Schublade drei beinhaltet »formale« Geschichten: Verträge und andere wichtige Unterlagen, meine Patientenverfügung, Versicherungspolicen, auch abgelegte Rechnungen, Steuererklärungen … Bei Betrachtung dieser Unterlagen denke ich an die vielen Spuren, die ein Leben hinterlässt, weil vieles einer korrekten Form bedarf. Emotional interessiert mich der Inhalt von Schublade drei recht wenig – aber natürlich kümmere ich mich darum mit angemessenem Pflichtbewusstsein.

Passt ein Leben in einen Koffer und die drei Schubladen einer Kommode? Natürlich nicht. Aber die wesentlichen Dinge, die es aufzuheben gilt, passen für mich hingegen schon hinein.

Klar, es gibt bei mir zu Hause auch vieles mehr. Alles, was in einen Haushalt gehört, ein Schrank voller Kleidung und Schuhe. Schöne Dinge. Modische Sachen. Aber das ist mir, wie gesagt, nicht mehr besonders wichtig. Und vor jedem Kauf überlege ich ganz bewusst, ob ich diese Hose oder jenen Pulli wirklich brauche. Weniger ist mehr, denn auch hier gilt: Je mehr man besitzt, desto komplexer wird das Leben. Und außerdem kann ich schlecht mit meinen Kindern über unsere CO_2-Fußabdrücke und überlegtes Bestellen im Netz diskutieren, wenn ich mich selbst nicht entsprechend besonnen verhalte …

DAS RICHTIGE ÄUSSERE

Als ich an der Seite meines damaligen Mannes Christian plötzlich im Rampenlicht stand, haben mich die Aufmerksamkeit und das öffentliche Interesse an meinem Erscheinungsbild und meiner Garderobe zunächst absolut befremdet und überfordert. Auf was da alles geachtet wurde! Und die Bewertung meines Aussehens durch die Medien war manchmal einfach zum Schmunzeln. Da wurde zum Beispiel die Frage gestellt: »Sitzt ihr Pferdeschwanz zu jugendlich hoch oder zu bieder nach unten?« Oft blieb mir das Lachen über derart absurde Fragen aber auch im Halse stecken. Meistens war ich über all die äußerlichen Bewertungen eigentlich eher sprachlos.

Allen recht machen konnte ich es ohnehin nicht, das wurde mir nach den ersten öffentlichen Auftritten und deren medialer Resonanz schnell klar. Aber ich habe immer versucht, mit meiner Kleidung meinem Gegenüber und dem Anlass entsprechend Respekt und Achtung zu zollen.

Bei einem Staatsbankett braucht es den richtigen Auftritt, es gibt bestimmte Erwartungen als Gast oder Gastgeberin zu erfüllen. Dabei geht es um Respekt, die Achtung fremder Kulturen und Traditionen. Ich habe immer versucht, das bei der Wahl meiner Garderobe im Blick zu haben.

Heute sehe ich in dieser Hinsicht einiges gelassener. Denn es geht um viel mehr als das »richtige« Äußere.

Eine innere Haltung und die Beantwortung der Sinnfrage sind viel entscheidender.

Was nützen das beste Aussehen und die schönsten Kleider, wenn ich dabei gute Miene zum bösen Spiel machen muss? Wenn ich mir vorkomme, als wäre ich im falschen Film, und spüre, dass die Werte, die mir persönlich wichtig sind, in der jeweiligen Situation keine Rolle zu spielen scheinen?

Mein formales Gepäck reduziere ich jedenfalls seit einiger Zeit wirklich regelmäßig und halte es überschaubar.

Dem »inneren Gepäck«, Erfahrungen und Erlebnissen, habe ich jahrelang zu wenig Beachtung geschenkt. Es blieb irgendwie keine Zeit dafür – oder ich nahm sie mir nicht. Stattdessen wurde einfach immer noch eine Schicht obendrauf gelegt. Bevor mir klar wurde, wie ich das eine oder andere innerlich einzusortieren hatte, kam bereits das Nächste. Im Handeln blieb wenig Zeit zur Reflexion.

Über einen indianischen Stammeshäuptling wird folgende Begebenheit erzählt: Nach seinen ersten Flugreisen legte er sich, nachdem er die Gangway hinuntergegangen war, dort auf den Boden und verharrte eine Weile. Als ihn Journalisten nach dem

Grund für sein Verhalten fragten, meinte er: Ich musste darauf warten, bis auch meine Seele angekommen war, die Reise ging so schnell.

Ja, es ist wichtig, dass unsere Seele mitkommt. Jetzt, in der Mitte des Lebens, konnte ich mich nicht länger darum herumdrücken und habe innegehalten und mir die Zeit genommen, wirklich bei mir selbst anzukommen.

Kennen Sie das auch? Nach außen sieht alles so rund und richtig aus – zum Beispiel das Bild einer gesunden, glücklichen Familie. Die wirtschaftlichen Verhältnisse sind abgesichert, die Teilnahme an illustren gesellschaftlichen Anlässen gehört dazu. Man lebt in einem tollen Haus mit schönem Garten. Ein interessanter Bekanntenkreis lässt sich von Zeit zu Zeit blicken. Die Gespräche mit Freunden sind anregend. Das Leben scheint perfekt.

Aber irgendwie will sich das innere Glück einfach nicht einstellen. Irgendetwas in einem nagt. Zunehmend stellen sich bohrende Fragen ein: Ist dies wirklich das Leben, das ich leben will? Macht es Sinn, so zu handeln – und macht es mich glücklich?

Lange habe ich versucht, diese innere Stimme zu verdrängen. Bis zu einem gewissen Punkt ist mir dies sicherlich auch gelungen. Es sah oft wirklich so aus, als wäre das Glück meines Lebens echt. Und dann ist alles in sich zusammengefallen.

Ein fürchterlicher Verkehrsunfall mit Alkohol im Blut hat mich aus der Bahn geworfen. Spätestens nach diesem einschneidenden Ereignis konnte ich mich nicht mehr weiter von der Konfrontation mit mir selber ablenken.

»HANDGEPÄCKLER DES LEBENS«

Als Heino Masemann und ich vor sechs Jahren zum ersten Mal bei ihm zu Hause zum Kochen verabredet waren, habe ich mich vorher gefragt, zu welchem Typus Mann er wohl gehört. Klar, er war mein Gemeindepfarrer, ein guter Prediger und Seelsorger. Aber ich war neugierig zu sehen, wie er lebt. Gehörte er eher zu den Sammlern oder den Sortierern? Seine Wohnung bestach jedenfalls auf den ersten Blick durch reduzierte, wohlbedachte Möblierung und klare Strukturen bis ins Bücherregal. Alles war nach Schriftstellern und Genres sortiert, schnell auffindbar. Ich war beeindruckt und spürte, dass mir die Klarheit auch im Miteinander guttat.

Natürlich kann man niemanden in eine Schublade einsortieren. Aber wir stellten auf jeden Fall ziemlich schnell fest, dass wir beide wohl zu den »Handgepäcklern des Lebens« gehören.

Wo sich unsere Wege zum ersten Mal gekreuzt haben? Das war so: Heino hatte uns als Familie im Sommer 2012 mehrmals zu einem seiner Gottesdienste in den Expowal in Hannover eingeladen. Und wir waren neugierig auf diese andere Art, Kirche zu erfahren, vom Glauben zu hören.

Die unkonventionelle Form des Gottesdienstes mit einem »Warm up« in Gestalt von Gymnastik und einem Witz zur Einstimmung erschien mir damals dann doch etwas zu frei – aber gut, ich habe verhalten mitgemacht, als ich sah, dass alle anderen Gäste mit Begeisterung dabei waren. Und nach 20 Minuten Gottesdienst war ich ziemlich »geflasht«, wie meine Kinder sagen würden. Dieser Gottesdienst war jedenfalls alles andere als langatmig, vielmehr eine inhaltsreiche Kombination vieler Elemente. Neben einer intensiven Auseinandersetzung mit einem Thema – es ging damals um das Thema »Leidenschaftlich leben trotz aller schweren Momente« – war es eine offene Begegnung mit Menschen, die sich einander im Suchen nach Sinn und Glauben verbunden fühlen. Kirche erlebte ich hier als eine schöne, lebensnahe Organisation. Von der Kinderbetreuung über Frühstück und Mittagessen gab es viele Angebote. Während des Gottesdienstes brauchte sich deshalb niemand parallel Gedanken darüber zu machen, dass die Kinder vielleicht andere Besucher mit ihrer Lebendigkeit stören könnten oder was es später zu Hause zu essen geben sollte.

Im Anschluss an den Gottesdienstbesuch bezog Heino uns damals gleich ins Gespräch mit weiteren Gästen ein. Plötzlich merkte ich, wie lange ich mich schon nicht mehr mit anderen Gottesdienstbesuchern über den Predigttext oder die Lieder, die wir gemeinsam sangen, ausgetauscht hatte. Ein tiefes, lebendiges Glücksgefühl überkam mich.

Ich stand im Foyer des Expowals – ziemlich beeindruckt und im Herzen berührt. Eine alte Sehnsucht war in mir wach geworden. Es tat gut, über meinen Glauben reden zu können. Und ich erinnerte mich wieder daran, welchen Impuls es in meinem Leben gegeben hatte, um überhaupt die »Kurve zu Gott« zu bekommen. Und dann erzählte Heino – ganz Menschenfänger im Dienste des Nächsten – vom »Notruf Mirjam«. Einem Hilfsangebot für Mädchen und Frauen, die ungewollt schwanger werden oder in anderen schwierigen Situationen unkomplizierte Hilfe und ein offenes Ohr brauchen. Betrieben wird der Notruf vom Landesverein der Inneren Mission Hannover, dessen Geschäftsführer Heino Masemann seit vielen Jahren ist. Ehrenamtlich engagierte Frauen betreuen das Notruftelefon an 365 Tagen rund um die Uhr, ein Angebot für die Regionen Hannover, Bremen, Weser-Ems und Göttingen. Zu dem Hilfsangebot gehört auch das sogenannte Babykörbchen am Friederikenstift in Hannover. Ein Ort, an dem

Mütter anonym ihre Säuglinge ablegen können, in der Gewissheit, dass sie liebevoll versorgt und später an Adoptiveltern vermittelt werden.

Jedes Baby ist ein geschenktes Leben. Wir alle wissen um fürchterliche Geschichten von heimlich entbundenen und irgendwo zum Sterben abgelegten Säuglingen.

Das Engagement für Rat suchende Frauen und Mütter hat mich sehr berührt, ich wollte mehr darüber wissen. Nach einem ersten Treffen mit der Koordinatorin des Notrufs fragte Heino Masemann mich dann eher nebenbei, ob ich mich denn nicht auch engagieren möchte. Na klar, ich fand die Idee großartig und sagte zu. Zwei Monate später absolvierte ich nach einer Schulung dann meinen ersten Notrufdienst. Das war aufregend und beglückend!

In den vergangenen Jahren haben wir mit dem Team Hunderte Mädchen und Frauen am Telefon beraten und mit ihnen gemeinsam nach passenden Lösungen für ihre Situation gesucht. Sie einfach erst einmal Luft holen lassen, um für sich selbst wieder klarer sehen zu können. Und viele Ratsuchende haben wir an andere gute Einrichtungen und Beratungsstellen weitervermittelt.

Heino Masemann und ich hatten ähnliche Gedanken über das Leben, das merkten wir schnell. Es tat gut, miteinander zu reden. So sind wir zu Freunden geworden.

KÜCHENGESPRÄCHE

Irgendwann steckten wir auch in einer ähnlichen Lebenssituation. Beide hatten wir uns von unseren Ehepartnern getrennt und versuchten nun, unseren inneren Kompass neu auszurichten. So unterschiedlich unsere Lebenswege bis dato gewesen waren, jetzt standen wir vor ganz ähnlichen Fragen. Langjährige Partnerschaften waren zerbrochen, wir hatten vieles schmerzvoll aufgegeben. Aber wir waren uns beide darüber im Klaren, dass wir so wie bisher nicht hätten weitermachen können.

Heino Masemann stand als Pastor, Seelsorger, Ehemann und Familienvater im Licht der Öffentlichkeit. Die Trennung war seine private Entscheidung. Aber sie wurde natürlich auch bei ihm von Außenstehenden kritisch beurteilt. Und auch ich war ins Trudeln geraten. Innerhalb weniger Wochen hatte sich mein Leben komplett verändert. Ich lebte in unterschiedlichen Rollen: als PR-Fachfrau auf Jobsuche, als Mutter und als ehemalige Gattin des Ex-Bundespräsidenten. Was ich sagte, und auch das, was ich nicht erwähnte, das, was ich tat oder unterließ, alles wurde – so schien es mir – ganz intensiv beobachtet. Einige schienen zu wissen, wie ich es hätte besser machen können. Andere schütteten Hohn und Häme über mir aus. Und es gab Momente, in denen ich regelrecht verzweifelt darüber war. Aber nun gab es auch kein Zurück. Zuweilen erschien mir die Lage nahezu aussichtslos.

In der Lebenskrise stellt sich immer wieder die Sinnfrage. Wut und Enttäuschung über verpasste Chancen wechseln sich mit dem Gefühl ab, dass es vielleicht doch noch einen Ausweg geben könnte. Die ewige Frage: Warum passiert das mir – und warum gerade jetzt? Und der Zweifel, ob es da wirklich einen gibt, oben im Himmel und hier auf Erden. Gott, der an uns denkt, der an uns glaubt und uns in den Krisenzeiten des Lebens unter die Arme greift.

Der Glaube verbindet Heino Masemann und mich als Suchende. Und der Zweifel gehört auch immer wieder mit dazu. Er meldet sich, manchmal zaghaft und bei anderen Gelegenheiten richtig penetrant. Flüstert einem ins Ohr: »Das kannst du doch nicht ernsthaft glauben. So ist es nicht … Du wirst scheitern. Und du bist dabei ganz allein …«

Heino und ich trafen uns in dieser Zeit öfters, um gemeinsam zu kochen. Das war einerseits entspannend und andererseits eine gute Gelegenheit, ins Gespräch zu kommen. Während wir in der Küche standen, Gemüse schnibbelten und Soßen vorbereiteten, erzählten wir einander, was uns gerade umtreibt.

Es war spannend, sich bei den Küchengesprächen über unsere Rollenbilder auszutauschen.

Zu merken, woran wir etwas festmachen, wie wir uns selbst sehen. Zu reflektieren, wie sich manches entwickelt, wie sich in unseren jeweiligen Lebenssituationen nach und nach ein immer stärkerer, innerer Druck aufgebaut hatte. Wie er scheinbar unaufhaltsam wuchs, bis schließlich ein Punkt erreicht war, an dem wir ihm beide nicht mehr standhalten konnten. Es war bitter zu merken, wie die schön gestalteten Fassaden des Lebens bröckeln, bisherige Rollen nicht mehr aufrechtzuerhalten sind. Und irgendwann standen wir beide vor einem Scherbenhaufen.

Wie waren wir überhaupt in derartige Situationen hineingeraten? Und wäre der Lauf der Dinge vielleicht doch noch irgendwie zu verhindern gewesen?

Neben all diesen tiefgründigen Themen fiel uns während unserer Begegnungen auch bald auf, wie gern wir beide das Leben genießen – mit gutem Essen und gutem Wein. Heino konnte bis dahin überhaupt nicht kochen und stand ziemlich hilflos in seiner Küche. So haben wir damit begonnen, gemeinsam ein leckeres Essen vorzubereiten. Zunächst mit einfacheren Gerichten, die er später gut nachkochen konnte, wenn er Lust darauf hatte, Menschen, die ihm wichtig sind, auf einen schönen Abend zu sich einzuladen. Bis dahin war es allerdings ein längerer Weg. Ich sage nur – auch wenn das natürlich etwas übertrieben ist: »Erst mal die Spaghetti aus der Folie nehmen, bevor man sie ins kochende Wasser wirft …«

EIN JUNGE WEINT NICHT

HEINO MASEMANN Ich hatte das Glück, auf dem Land aufzuwachsen, in einem Dorf 30 km südlich von Bremen. Wir lebten dort mit mehreren Generationen als Familie unter einem Dach. Meine Eltern betrieben eine kleine Landwirtschaft mit Schweinen, Kühen, Hühnern und Pferden. Der Ertrag reichte zum Leben, aber die Arbeit war mühsam. Darüber wurde aber keinesfalls ständig geklagt. Man nahm es hin, so wie es war. Vielleicht hängt es damit zusammen, dass in unserer Familie nie viel Aufhebens um persönliche Gefühle gemacht wurde.

»Geht schon irgendwie« – das höre ich auch heute vielfach in der Seelsorge. Und: »Muss ja.« So bin ich auch geprägt. Seit frühester Kindheit. Und wer kennt sie nicht, die Merksätze: »Ein Junge weint nicht.« Oder: »Ein Indianer kennt keinen Schmerz.« Das hat mir zwar nie jemand so direkt gesagt, aber unausgesprochen war es immer klar. Es lag in der Luft, in der Zeit, in der ich groß geworden bin. Dabei waren meine Eltern durchaus gefühlvolle Menschen. Sie waren sehr fürsorglich und haben mich geliebt. Das habe ich immer irgendwie gespürt. Aber wirklich gezeigt haben meine Eltern ihre Gefühle nur sehr selten. Gewiss, sie haben mich in den Arm genommen, auf dem Schoß geschaukelt. Und wenn ich als kleiner Junge krank war, durfte ich in ihrem Bett schlafen, in der Mitte zwischen den beiden. Auf diese Weise habe ich auch ein wenig von ihrem Glauben wahrgenommen, weil mein Vater und meine Mutter vor dem Einschlafen gemeinsam im Bett das Vaterunser gebetet haben. Wie es sonst innerlich in meinen Eltern aussah, wie es ihnen ganz persönlich ging oder was sie fühlten – das haben sie nicht nach außen hin gezeigt.

Einmal erlebte ich, dass mein Opa weinte. Es war an dem Tag, als meine Oma starb. Ich war damals acht Jahre alt. Großvater saß in der Küche auf einem Stuhl, nach vorne gebeugt und das Gesicht in die Hände vergraben. Tränen liefen über sein Gesicht, und er schluchzte: »Ich will jetzt auch nicht mehr leben!« Das hat mich damals total verstört.

Meinen Vater habe ich nie weinen sehen, solange ich noch zu Hause lebte. Erst später, als er im Sterben lag, liefen Tränen über seine Wangen. An den letzten Tagen seines Lebens habe ich ihn Abend für Abend im Krankenhaus besucht, meistens bis tief in die Nacht. In dieser Zeit haben wir über unser Leben gesprochen wie sonst nie. Das war sehr besonders. Und bei meinem letzten Besuch sagte er zu mir unter Tränen: »Du bist ein guter Junge.«

»Und du bist ein guter Vater«, habe ich zu ihm gesagt. Und ebenfalls geweint.

Meine Mutter machte sich oft Sorgen um mich und zeigte ihre Angst, dass mir etwas passieren könnte. Vielleicht hing das mit den Umständen meiner Geburt zusammen. Jahre zuvor hatte meine Mutter ihr zweites Kind tot zur Welt gebracht. Und ich bin dann in einer Art Notoperation durch einen Kaiserschnitt zur Welt gekommen. Solche Ereignisse prägen natürlich eine junge Frau.

Ich erinnere mich, dass sie ein paar Mal weit nach Mitternacht, schon im Morgengrauen, in der Haustür stand, wenn ich als Jugendlicher mal wieder von irgendeiner Feier viel zu spät nach Hause kam. Sie weinte, weil sie aus Sorge um mich die ganze Nacht kein Auge zugetan hatte.

Das war es dann aber auch schon an Gefühlen, die ich als Kind zu Hause wahrnahm. Und so habe auch ich immer alles mit mir selbst ausgemacht: meine Sehnsüchte, meine Pubertät, meine Selbstzweifel, meinen Liebeskummer.

Wenn ich jetzt daran zurückdenke, dann erkenne ich: Diese Erfahrungen meiner Kindheit und Jugend haben mich bis heute geprägt – dass ich versuche durchzuhalten, bloß keine Schwäche zu zeigen, nicht viel Aufhebens um die eigenen Gefühle zu machen. Die Zähne zusammenbeißen, den Ärger und die Enttäuschung hinunterschlucken, sich möglichst nichts anmerken lassen.

VERNUNFT UND GEFÜHLE

Gefühle bestimmen unseren Alltag, ob wir sie nun bewusst wahrnehmen oder nicht. Gewiss, sie kommen und gehen, sie sind unstet und darum für uns vielfach »zweifelhaft«. Aber alles, was wir tun, machen wir, weil wir uns auf eine bestimmte Weise fühlen möchten – wohlfühlen. Dies nicht wahrnehmen zu wollen, ist schädlich. Gefühle zu verdrängen oder zu unterdrücken, ist nicht die richtige Weise, mit ihnen umzugehen. Das habe ich selbst leider erst sehr spät realisiert. Nur wenn du lernst, wie du deine Gefühle ausdrücken und auf diese Weise auch verarbeiten kannst, erschließt sich dir der ganze Reichtum des Lebens.

Vernunft und Gefühle – beides gehört zusammen. Dass wir uns selbst spüren, ist ein wichtiger Bestandteil unseres Wesens, unbewusst oder bewusst. So hat Gott uns gemacht! Dass ich beflügelt werde durch Freude. Auch durch den Glauben, durch Hoffnung, durch Liebe. Und dass ich ausgebremst oder auf neue Wege geschickt werde – durch Trauer, Zweifel, Enttäuschung, Angst, Schuld oder Schmerz.

Indem ich meine wahren Gefühle entdecke und zulasse, ordnet sich mein Leben vielfach neu. Denn auf diese Weise erkenne ich, wie ich wirklich leben möchte – und wie nicht. Wofür ich gemacht bin – und wofür nicht.

Wenn ich heute auf mein Leben zurückblicke, dann stelle ich fest: Gerade auch die schmerzlichen Gefühle haben ihren Sinn. Sie haben mich mehr als einmal aufgerüttelt und auf einen neuen, einen guten Weg gebracht. Das gilt selbst für die dunkelste Stunde meines Lebens, an einem außergewöhnlich milden Tag im Winter 2008. An diesem Tag starb am frühen Nachmittag mein Junge, mein Sohn. Es geschah unerwartet, und es ging alles sehr schnell. Ich kann nur schwerlich Worte dafür finden. Meine damalige Frau und ich standen an seinem Bett, in der Notaufnahme der Uniklinik. Um uns herum die Ärzte und Schwestern und Pfleger, die taten, was in ihrer Macht stand. Wir beteten. Wir weinten. Wir glaubten und zweifelten. Es half alles nichts. Schließlich habe ich meinen Sohn noch gesegnet. Und dann war er tot.

Die Erde bebte, die Sonne verfinsterte sich, und die Zeit stand still – so schien es mir. Es war so, als würde mir das Herz herausgerissen.

Später, als wir ohne unser jüngstes Kind wieder nach Hause kamen, fuhren meine Gefühle Achterbahn. Wir waren alle in einer Schockstarre, seine Schwestern, meine Frau und ich – wir hatten einander und doch kämpfte jeder mit seinen eigenen Gefühlen.

Irgendwann kam dann die Nacht. Meine Seele war aufgewühlt, mein Kopf einerseits ganz klar und andererseits wie benommen. Mein Junge war gestorben! Das konnte doch nicht wahr sein!

Obwohl ich meinen Sohn bewusst in Gottes Hand zurückgegeben hatte, fühlte ich mich an diesem Abend wie jemand, der plötzlich keinen Grund mehr unter den Füßen hat.

Ich habe in jener Nacht schließlich in seinem kleinen Kinderbett geschlafen. Nur so konnte ich irgendwie zumindest ein wenig in den Schlaf finden.

»GEHT SCHON IRGENDWIE«

Das, was an jenem Januartag geschah, gerade auch das, was ich fühlte, hatte und hat bis heute Konsequenzen. Ich bin damit noch nicht fertig. Es bestimmt mein Denken, mein Tun und auch meinen Glauben – da ich mich seit jenem Tag entschlossen habe, mehr und mehr für das sensibel zu sein, was ich empfinde. Für all das, was sich in meinem Inneren abspielt.

Ich habe lange den Fehler gemacht, meine Gefühle mir selbst und anderen gegenüber zu verbergen, zu verdrängen oder zu betäuben. Gerade die schmerzlichen Gefühle. Vielleicht geschah dies aus Unsicherheit. Oder weil ich meinte: Das muss so sein. Man kann seine Prägung nicht verleugnen. Getreu dem Motto »Geht schon irgendwie« habe ich mich durchs Leben gekämpft und dabei nicht nur andere Menschen verletzt. Es ist auch manches von dem zerbrochen, was mir selbst unendlich wertvoll war.

Weil wir Angst haben, verletzt zu werden, verbergen wir unser Innerstes vor anderen. Dahinter steckt die Befürchtung, dass mein Gegenüber ausnutzen könnte, wenn ich meine Gefühle zeige – weil ich selbst sie als Schwäche verstehe. Das gilt, wie ich aus zahllosen Gesprächen weiß, in besonderer Weise für uns Männer. Wir sind vielfach eine Art Gefühls-Invaliden.

Logische Gedanken können wir nachvollziehen, das macht sicher und stark. Mit Gefühlen ist es anders. Logisch ist hier erst einmal nichts. Das verunsichert uns.

Du kannst Gefühle verbergen, verdrängen, missachten, betäuben – oder sie achten, akzeptieren und würdigen. Letzteres aber kostet Mut, denn es beinhaltet: Ich setze mich bewusst mit meinem Innenleben, meinen Emotionen auseinander. Und das kann Folgen haben. »Das lässt mich nicht kalt« ist ein geflügeltes Wort, das uns die Richtung weist. Wenn du zulässt, dass Emotionen nicht nur einfach hochkommen, sondern dir bewusst machen, was gerade geschieht. Wenn ich meinen Gefühlen folge, werde ich meine kühle Fassade, meine »Coolness«, die ich wie einen Schutzschild vor mir hertrage, aufgeben müssen.

Immer wieder begegne ich Menschen, die ihre Gefühle dauerhaft unterdrücken. Scheinbar sind sie dadurch widerstandsfähiger, in Wirklichkeit aber sind sie hart geworden – und manchmal auch bitter. Vielleicht hat sie ein Schicksalsschlag dazu gebracht, oder etwas Schlimmes, was andere ihnen angetan haben. Manchmal führt eine zerbrochene Beziehung dazu, dass jemand sich emotional zurückzieht. Oder der Tod eines lieben Menschen. Vielleicht auch eine dauerhaft ungerechte Behandlung im Job.

Wenn du es dir nicht erlaubst, Gefühle zu zeigen, dann wirst du meistens nicht nur hart gegen dich selbst, sondern auch gegen andere. Die Schuld an allem, was dir widerfahren ist, suchst du dann nicht bei dir selbst. Vielleicht haderst du auch mit Gott, der all das zugelassen hat?

Ich denke manchmal, wie der eine oder die andere wohl als kleiner Junge oder als junges Mädchen gewesen ist. Waren sie vielleicht sozial engagiert, total offen und sensibel für die Anliegen und Nöte anderer Menschen? Oder vielleicht sogar hoffnungslos romantisch?

Solche Gefühle können bei uns mit den Jahren leicht auf der Strecke bleiben. Sie werden verschüttet durch das tägliche Erleben und schlechte Erfahrungen. Du schiebst das, was dir nahegeht und dich bedrückt, irgendwann zur Seite, verdrängst es, weil du der Wahrheit nicht ins Auge sehen kannst oder willst.

Häufig treffe ich Männer, bei denen die berufliche Karriere im Vordergrund steht. Denen Zahlen und Ergebnisse mehr bedeuten als Menschen und ihre Gefühle – auch als die eigenen Empfindungen. Letztere auszublenden, mag eine Weile gut gehen. Aber irgendwann holt es dich ein. Und wirkt sich zwangsläufig auch auf deine privaten Beziehungen aus. Du reagierst früher oder später auch in diesem Bereich total nüchtern. Betrachtest alles Geschehen mit der Brille der Logik, schätzt trocken die Bedeutung bestimmter Ereignisse ein und fängst auch hier an zu rechnen. Dem anderen etwas vorzurechnen – das fällt uns leicht. Uns ausrechnen, was uns das alles kostet – an Zeit, an Geld, an Aufwand. Vielleicht folgt dann gleich die finale Abrechnung. Wer kennt dies nicht aus seinem Umfeld? Die Beziehungs- und die Sachebene lassen sich schwer trennen.

Man kann nicht einfach dem anderen vorhalten, was uns das Miteinander kostet, ohne dass die Zuneigung schwindet. Aus der Liebe, die wir einst in unserer Beziehung füreinander fühlten, wird auf diese Weise oftmals unbemerkt eine Wirtschafts- und Zweckgemeinschaft. So stirbt leider jedes Miteinander.

Gefühle betäuben – das geht am besten mit irgendwelchen Genussmitteln. Jeder, der gerne isst oder einen guten Tropfen trinkt, weiß, dass gerade Essen und Trinken mit schönen Gefühlen einhergehen. Dagegen ist auch gar nichts zu sagen. Als Theologe sage ich bewusst: Auch das sind Gaben Gottes, die unser Herz erfreuen möchten. Aber wenn du deine Gefühle nicht respektierst, sie nicht in ihrer Tiefe wahrnimmst, dann ist die Versuchung groß, deinen Kummer mit irgendetwas zu ersticken oder zu ertränken, deiner inneren Stimme im wahrsten Sinne des Wortes den Mund zu stopfen.

Der Volksmund spricht davon, dass wir den Ärger hinunterspülen. Dann wird das leckere Essen oder der gute Wein dazu missbraucht, schmerzliche Gefühle wegzudrücken, statt auf sie zu hören.

Als Seelsorger habe ich schon in manchen Gesprächen von solchen »Mechanismen« erfahren. Beruflich trägt jemand große Verantwortung, fast jeden Tag trifft er wichtige Entscheidungen, bei denen es um viel Geld geht. Und um Macht. Die Arbeitstage sind lang und anstrengend. Das hohe Gehalt will erarbeitet werden. Kollegen sprechen halb scherzhaft von »Schmerzensgeld«.

Wenn dieser Mann nach Hause kommt, spürt er, dass dort vieles im Argen liegt – im Miteinander der Familie, in der Beziehung zu seiner Frau. Es fehlt schlicht die Zeit oder die Kraft, sich wirklich miteinander zu beschäftigen. Gespräche beschränken sich auf das Notwendigste. Das reicht natürlich nicht. Und nur im Urlaub ein schönes Familienleben zu haben, ist auf Dauer absolut zu wenig. Wechselseitige Erwartungen stehen im Raum und werden nicht erfüllt. So schleicht sich nach und nach Teilnahmslosigkeit ein. Man lebt zusammen – aber irgendwie auch schon länger nebeneinanderher. Wie lange soll das noch so gehen?

Jeder der Beteiligten weiß eigentlich: Es müsste sich manches ändern, damit es gut wird. Und das schon bald. Es braucht klare Entscheidungen. Aber zu Hause entscheidet der einsame Arbeiter sich nicht, weder für das eine noch für das andere. Er zieht keine Konsequenzen, weil er ahnt, dass es so oder so für ihn schmerzlich ausgehen wird. Im Beruf kann oder will er nicht zurückstecken. Und die Wünsche seiner Lieben müssen warten, bis Zeit dafür ist. Er duckt sich weg und betäubt seine Gefühle.

Der erste Weg, wenn er nach einem harten Arbeitstag nach Hause kommt, ist deshalb der Weg zur kleinen Bar im Wohnzimmer. Ein guter Tropfen, ein »Absacker« – als Belohnung für den harten Tag. Und vor allem, damit er nicht mehr diese Enge in der Magengrube fühlt. Dass auch dies seiner Frau nicht gefällt, nimmt er hin. Dass seine Kinder längst aufgehört haben zu fragen, ob er einen Moment Zeit für sie hat, bedauert er. Woche für Woche, Monat für Monat, Jahr für Jahr. Und so entgleitet ganz unmerklich das Miteinander in der Beziehung oder gar das ganze Leben.

UNTER DER OBERFLÄCHE

Mit Gefühlen, die ich zur Seite schiebe, ist es wie mit einem Ball, den ich unter Wasser drücken will. Wenn ich das dauerhaft mache, kostet es mich ganz viel Energie. Und sobald ich nicht aufpasse, kommt das, was ich unter der Oberfläche halten und niemandem zeigen möchte, an anderer Stelle mit doppelter Kraft hoch. Vielleicht brummt es dann deswegen in meinem Kopf. Oder es pfeift im Ohr. Der Rücken schmerzt, die Haut ist wund. Das Herz kommt aus dem Rhythmus. Der Körper verliert jegliche Form, weil ich abends den Frust des Tages mit jeder Menge Essen zustopfe. All das sind Symptome eines diffusen Krankheitsbildes.

Die Seele kehrt ihr verletztes Inneres nach außen. Gefühle informieren uns fortlaufend über den Zustand des ganzen Organismus und machen uns im wahrsten Sinne des Wortes Beine. Endorphine, die Glückshormone, treiben uns zu Höchstleistungen an. Gute Gefühle signalisieren ein gesundes Leben. Schlechte Empfindungen weisen auf Probleme hin. Und ein »ungutes Bauchgefühl« ist immer eine Warnung.

Im Rückblick denke ich an viele solcher Momente in meinem Leben. Wenn ich merkte: Das, was ich gerade plane, der nächste Schritt ist falsch. Situationen, in denen ein Punkt erreicht war, an dem es notwendig war, massiv gegenzulenken und sich vielleicht auch professionelle Hilfe zu holen.

Mir erzählte jemand, sein Arzt habe ihm gesagt: »Gegen die Symptome, den Hautausschlag und den Juckreiz verschreibe ich Ihnen jetzt eine Kortisonsalbe. An den Ursachen müssen Sie selbst arbeiten.« Und dann hatte der Arzt gefragt: »Gibt es ungelöste Konflikte in Ihrem Leben? Seien Sie ehrlich zu sich! Mir scheint, Sie haben da eine oder mehrere Baustellen, um die Sie sich kümmern müssen.«

Jemand anders sagte mir: »Ich bin jetzt zum dritten Mal verheiratet, weil ich aus meinen beiden ersten Ehen zu wenig gelernt habe. Das Miteinander mit meiner ersten Frau ist vor allem gescheitert, weil wir beide zu selten darüber gesprochen haben, was uns aneinander gefiel und was uns störte. Nach und nach hat sich das eingeschlichen. Dann sprachen wir auch immer weniger darüber, was wir uns wünschten. Sei es im Umgang miteinander, mit Freunden, mit unseren Kindern oder beim Sex. Irgendwann herrschte absolute Funkstille zwischen uns. In meiner zweiten Ehe lief es dann leider schon bald genauso. Und ich merkte: Es liegt an mir, das zu ändern.«

Sich der persönlichen Realität zu stellen, darauf kommt es an. Aber wir Männer und unsere Gefühle sind und bleiben ein schwieriges Thema. Das merke ich immer wieder. Und auch ich – das muss ich zugeben – habe erst sehr spät gemerkt, dass es in meinem Leben blinde Flecken gibt und welche es sind. Es brauchte vorher scheinbar den großen Zerbruch, die existenzielle Krise, damit ich wach wurde und begriffen habe, worauf es ankommt.

Ich habe mich entschieden, zukünftig zu meinen Gefühlen zu stehen. Und den Menschen, die mein Leben begleiten, zu sagen, was ich empfinde. Was für mich schön ist und was mir schwerfällt.

Wenn ich mich schlecht fühle, dann weiß ich, dass ich etwas ändern muss. Wenn ich mich schuldig fühle, dann ist das ein Zeichen dafür, dass ich mich mit etwas oder mit jemandem versöhnen sollte.

Und ich habe gelernt, vor allem die krisenhaften Momente als wichtige Signale zu verstehen. Wenn etwas geschieht, was mich aus der Bahn wirft, dann überlege ich, auf welchen neuen Weg mich dies hinweist. Ich bin darin noch lange kein Meister. Aber Schritt für Schritt möchte ich immer wieder neu lernen – aufmerksam hinzuhören, achtsam mit meinen eigenen Gefühlen und denen anderer umzugehen.

FÜHLEN!

Mit dem Tag, an dem mein Sohn starb, haben sich die Gewichtungen in meinem Leben verschoben. Ich habe bewusst wahrgenommen, dass ich mich in mehrerlei Hinsicht in ungute Lebensschablonen gequetscht und mich verbogen hatte, um in die Bilder zu passen, die mir andere vorgaben.

Jetzt erst habe ich gefühlt, was ich wirklich will – und was ich in Wahrheit nicht möchte. Das hatte und hat Konsequenzen, bis heute. Für die Beziehungen, die ich lebe, für die Art, wie ich meine Arbeit verrichte, und nicht zuletzt auch für meinen Glauben. Ich habe Gott neu und tiefer erkannt und erlebt. Mein Horizont ist weiter geworden. Auf dem Weg durch das tiefe Tal von Trauer und Zweifel ist mir klar geworden: Wenn ein Mensch stirbt, dann begegnen wir dem lebendigen Gott in besonderer Weise. Seiner Heiligkeit – jener Seite seiner Liebe, die auch zu seinem Geheimnis gehört. Etwas, was wir nicht mit dem Verstand begreifen können. Einer Liebe, die alles durchdringt, auch das Leid und den Schmerz. So, wie es in einem alten christlichen Gedicht formuliert ist: »In dir ist Freude, in allem Leide.«

Gefühle sind eine mächtige Kraft, die unser ganzes Leben und unsere Welt gestaltet. Das wird auch an Jesus Christus deutlich. Er, der Sohn Gottes, war auch ganz Mensch. Und er zeigte Gefühle. In der Bibel wird von ihm erzählt: »Jesus ging ringsum in alle Städte und Dörfer … Und als er das Volk sah, jammerte es ihn; denn sie waren geängstet und zerstreut wie die Schafe, die keinen Hirten haben.« (Matthäusevangelium) Wörtlich übersetzt steht da: »Es drehte Jesus das Herz im Leibe um.«

Was für eine Formulierung! Es geht Jesus zu Herzen, wenn er Menschen begegnet, die hilflos und verängstigt sind. Es lässt ihn nicht kalt, wenn wir ohne Orientierung umherirren. Jesus liebte und liebt jeden, der keine Hoffnung hat. Er leidet mit, wenn Schuld und Scheitern ein Leben zerfressen. Es schmerzt Jesus, wenn ein Mensch unter den Möglichkeiten lebt, die Gott für ihn vorgesehen hat. Es geht Jesus an die Nieren, wenn einer ohne Hoffnung und Zukunft durchs Leben irrt. Jeder und jede ist ihm wichtig. Mehr noch: Er liebt uns! Diese Liebe ist es, mit der Jesus die Welt bewegte und weiterhin bewegt, wie niemand vor und nach ihm.

Ich bin zutiefst überzeugt: Manchmal benutzt Gott unsere Gefühle, um uns auf eine neue Spur zu setzen. Manchmal klingelt das innere Telefon – und Gott ruft bei mir an. Mir kommt ein unerwarteter Gedanke. Ich spüre: Jetzt ist ein besonderer Moment. Und eine lange verschlossene Tür öffnet sich. Ich begegne vielleicht neuen Menschen, die eine Botschaft für mich haben. Oder ein Text, den ich lese, trifft mich im Innersten. Dann merke ich plötzlich: Damit bin ja ich gemeint! Ich möchte Gott dann fragen, was er mir in der jeweiligen Situation zeigen möchte. Ich will auf Gottes leise Stimme achten.

Meine innere Stimme, meine Gefühle wollen meine Welt mitgestalten. Darum darf, ja sollte, auch ein Junge weinen und – um im Bild zu bleiben – ein tapferer Indianer den Schmerz zulassen. Durch Gefühle, die mein Herz berühren, wächst mir Kraft zu. Sie verbinden mich mit anderen Menschen, die mir guttun. Sie warnen mich, das eine oder andere doch besser zu lassen. Sie halten mich zurück, wenn Gefahr droht. Sie beflügeln meine Schritte. So ermutigt mich meine innere Stimme, neue Wege zu wagen.

PERFEKT SEIN

BETTINA WULFF Als junger Mensch träumt man vom großen Glück und stellt sich vor, wie es sein wird, wenn … Man macht sich ein bestimmtes Bild, hat eine gewisse Vorstellung vom Leben. So und nicht anders will ich werden! So wäre es perfekt.

Die einen malen sich schicke Traumschlösser aus, andere träumen von Räumen der Geborgenheit, die keinen besonderen Glanz haben müssen, sondern eher von innen leuchten.

Manche sehnen sich nach einem Partner, andere zunächst erst einmal danach, endlich einen Raum ganz für sich allein zu haben, einfach weil es bei ihnen zu Hause immer so schrecklich eng war.

Für viele drehen sich Träume vom großen Glück auch um Geld und Besitz: mein Haus, mein Garten, mein Auto, mein Schiff – so wie es uns eine Sparkassen-Werbung vor Jahren eindrücklich vor Augen malte.

Wenn ich selbst nun in der Mitte des Lebens zurückschaue, hat mich bei wichtigen Entscheidungen, die zu treffen waren, oftmals der Wunsch angetrieben, in besonderer Weise gemocht oder geliebt zu werden – indem ich möglichst »perfekt« bin. Wie es auf andere wirkt, wenn ich dieses oder jenes tue oder lasse, das war mir extrem wichtig.

Wie müsste es denn sein, damit es so ist, wie ich es mir immer erträumt habe? Die Frage ist nicht leicht zu beantworten, weil das Leben so vielschichtig ist und irgendwie alles mit allem zusammenhängt. Der Beruf, den ich wähle. Die Aufgaben, die ich habe. Meine Familie, meine Partnerschaft, das Haus, in dem wir zusammenleben. Die Freunde, mit denen wir das Glück teilen. Mein Aussehen, mein Auftreten, meine Leistungen.

Und kann es das überhaupt geben – so etwas wie das perfekte Leben? Diese Frage, ob meine Vorstellungen eventuell falsch sind, kam mir erst später.

Meine Eltern waren immer für mich da – und trotzdem hatte ich sehr lange Zeit nicht das Gefühl, einfach so, wie ich bin, geliebt zu werden. Stattdessen hatte ich den Eindruck, stets etwas leisten und mich beweisen zu müssen. Obwohl dies von Seiten meiner Eltern nie ausgesprochen wurde.

Inzwischen weiß ich, dass es sehr vielen so oder so ähnlich geht. Wo kommt es her, dass wir Kritik eher wahrnehmen als die wohlwollenden und Mut machenden Worte anderer? Dass es da eine Art Filter zu geben scheint, der verhindert, dass die Zusage: »Ja, du bist geliebt, so wie du bist«, auch tief in unserem Inneren ankommt?

Ein Glücksgefühl hat mich stets beflügelt, wenn alles dem ersten Anschein nach richtig gut zu passen schien. Wenn ich merkte: Ja, so hatte ich es mir vorgestellt. Und ich erkenne erst im Rückblick: Da ist etwas in mir, das in solchen Momenten alles andere ausblendet. Das die leisen, warnenden Stimmen übertönt, das Unbehagen unterdrückt, das mich beschleicht. Und auch die warnenden Bedenken anderer. Indem wir dem hinterherjagen, was auf den ersten Blick so perfekt aussieht, werden wir dazu verleitet, die Schattenseiten zumindest für den Moment komplett zu ignorieren.

»AUF BIEGEN UND BRECHEN«

Oft hatte ich schon früh eine gewisse Vorahnung, dass es vielleicht doch besser wäre, manches noch einmal gründlich zu überdenken – oder gleich sein zu lassen. Dieses schlechte Gefühl habe ich dann oftmals viel zu schnell zur Seite geschoben und verdrängt.

Die Weichen waren gestellt. Es schien, als wäre alles auf einem guten Weg. Ja, da gab es Irritationen. Ja, da gab es Menschen, die mir rieten, genauer hinzuschauen und auf mich aufzupassen. Aber ich wollte das alles nicht an mich heranlassen. Richtig wach geworden bin ich leider meistens erst dann, wenn der Warnruf meiner inneren Stimme nicht mehr zu überhören war und das Bauchgefühl, das ich von Anfang an hatte, am Ende leider recht behielt. Doch auch nach solchen »emotionalen Ausbremsungen« habe ich oftmals immer noch nicht wahrhaben wollen, dass es der falsche Weg für mich war. Stattdessen habe ich nochmals Fahrt aufgenommen, bin wieder eingeschert und der bisherigen Spur gefolgt.

Es gab stets den inneren Druck, das Beste daraus zu machen. Und das selbst in schier ausweglosen Situationen. Meine innere Stimme und die besorgten Fragen meiner Freundinnen habe ich dann einfach mit einem lauten »wird schon …« übertönt. Zu groß war der innere Druck, dass ich besser so oder so sein sollte, um die Situation irgendwie zu retten. Wenn ich mein Verhalten heute reflektiere, ging es auch hier letztlich immer wieder darum, den anderen zu gefallen. Erwartungen nicht zu enttäuschen. In der Rolle zu bleiben, die ich für mich angenommen hatte. Auch wenn alles dagegen sprach, habe ich einfach noch eine ganze Weile wie bisher weitergemacht.

Mein Wunsch, möglichst vielen mit meinem Tun gefallen zu wollen, ging – so sehe ich es rückblickend – auch hier wieder mit bestimmten inneren Bildern einher. Einem Ideal.

Letztlich waren alle meine Vorstellungen ziemlich klassisch: Bilder, wie sie bestimmt viele andere junge Frauen in sich tragen. Ich träumte damals von einem erfolgreichen Studium, einem aufregenden Beruf, viel Anerkennung und Karrieremöglichkeiten. Und ich sah mich kurze Zeit später, in der nächsten Wunschblase, gleichzeitig als glückliche Ehefrau und Mutter von mindestens zwei Kindern. Eine Frau, der es gelang, Beruf und Familie in idealer Weise miteinander zu verknüpfen. Diese Wunschbilder waren derart konkret, dass ich mich im Traum mit meinem noch nicht vorhandenen Ehemann und den noch nicht geborenen Kindern am Strand in der Sonne lachen sah …

Bei alldem hatte ich nie das Gefühl, mich gegen irgendwelche Rollenbilder emanzipieren zu müssen. Ich dachte tatsächlich, es wäre stets der Anspruch an mich selbst, da ich mir ja ganz alleine diese Bilder für mein Leben ausgemalt hatte.

Später merkte ich, dass es auch um tradierte Ansprüche und innere Bilder geht, die wir Frauen über Generationen von unserem Umfeld mit auf den Weg bekommen haben. Sie wurden uns von unseren Eltern und Großeltern vermittelt, in den Medien, der Werbung; in der Literatur, in Filmen und Theaterstücken nahegebracht. Natürlich hat jede Generation ihre spezifischen Bilder – und vieles hat sich zum Glück im Laufe der letzten Jahrzehnte auch gewandelt. Aber trotz der Feminismus-Bewegung, die sich seit Beginn des 19. Jahrhunderts in Europa entwickelte, und der Frauen-Revolte in den 70ern, speziell in Deutschland, scheint immer noch vieles in unserer weiblichen DNA zu stecken. Zumindest in meiner.

Ob ich heute ganz frei davon bin, irgendeinem (Trug-)Bild, das ich mir gemacht habe, hinterherzujagen? Ich weiß es nicht. Aber immerhin habe ich wahrgenommen, wo das Problem liegt. Das ist schon einmal ein guter Anfang!

»FREUNDLICH AUFSÄSSIG«

Was ich seit früher Kindheit gespürt hatte, habe ich über die Jahre »perfektioniert«: Alle mochten einen lieber, wenn man nicht nur in der Schule gut war, sondern auch im Sport, im Chor und beim Blockflötenspiel. Ich war Klassen- und Schulsprecherin, grundsätzlich immer gut gelaunt und fröhlich. Gutes Aussehen und bestenfalls »dünn zu sein« inbegriffen. Allein diese Schablone hat mir viel Kummer im Leben bereitet. Ich habe gehungert, um nicht zuzunehmen und dem Ideal zu entsprechen. Und doch war ich in meinem Innersten nicht zufrieden mit mir.

Bewusst angebiedert habe ich mich mit all den Ämtern und Leistungen bei Lehrern oder Mitschülern nicht, ich gehörte eher zur Sorte »freundlich aufsässig« und war zuweilen etwas frech. Aber letztlich geschah dies immer nur in einem Rahmen, der bei vielen, wie sie mir später sagten, einfach aufgeweckt und sympathisch rüberkam. Von kleinen Eskapaden wie dem heimlichen Rauchen auf dem örtlichen Friedhof oder dem nächtlichen Schwimmen im Freibad, dessen Zaun wir überklettert hatten, einmal abgesehen.

Ich mochte jedenfalls nie anders sein als die anderen. Im Gegenteil: Als Kind wollte ich mich am liebsten einfach nur in die Gemeinschaft einfügen – im Kindergarten wie auch später in der Grundschule. Denn aufgefallen bin ich ohnehin immer, vor allem durch meine Körpergröße. Schon früh ragte ich mindestens eine Kopflänge aus der Gruppe der anderen Kinder heraus. Hinzu kam: Ich hatte hellblonde Haare – damals noch ungefärbt –, und ich war zeitweilig alles andere als zierlich. Ein echter »Brummer«, wie bei uns in Niedersachsen manchmal zu eher dicklichen Kindern lapidar und wenig freundlich gesagt wird.

Weil ich so aussah – obendrein hatte ich stattliche X-Beine –, fühlte sich meine Mutter in Kooperation mit einem Orthopäden dazu berufen, mich im örtlichen Sportverein beim Ballett anzumelden.

»Das hilft gegen die X-Beine. Und es ist doch schöner bei Mädchen, wenn sie gerade sind.« So oder so ähnlich klingt das Fazit nach eingehender Anamnese in mir nach.

Natürlich wollte ich auch solche geraden, schönen Beine haben wie die meisten meiner Mitschülerinnen. So stand ich zwischen meinem sechsten und achten Lebensjahr jeden Montag in der kleinen Halle unseres Gymnasiums im gedrechselten Plié an der Stange. Das war echte Schwerstarbeit für mich. Und ich stellte betrübt fest: Meine Mit-Balletteusen sahen in ihren rosafarbenen Ballettoutfits einfach um Längen graziler aus. Ich kam mir in meinem rosafarbenen Ganzkörperanzug eher wie ein Elefant im Porzellanladen vor. Und ich wollte vor allem auch hier eines nicht: auffallen. Aber daraus wurde nichts. Daran konnte auch der kleine Rüschenrock, den ich trug, nichts ändern.

»MISS PIGGY SCHWINGT SICH WIEDER DURCHS WELTALL«

Mein sechs Jahre älterer Bruder ärgerte mich jeden Montag kurz vor der Ballettstunde mit ziemlich gemeinen Bemerkungen: »Ah, Miss Piggy schwingt sich wieder durchs Weltall«, oder auch gern: »Pass bloß auf, dass der Hallenboden nicht unter dir bricht.« Heute kann ich darüber schmunzeln – damals dachte ich: »Große Brüder können echt so fies sein.«

Mein innerer Widerstand wuchs jedenfalls von Monat zu Monat. Montage wurden für mich zu echten Hasstagen. Aber trotz vieler Versuche, mich irgendwie um das Training herumzudrücken, musste ich meistens hingehen. Meine Mutter kannte da kein Pardon.

Das ging so lange, bis ich entdeckte, was zur gleichen Zeit in der großen Nachbarhalle stattfand.

Tak, tak, tak, klang es herüber, dazu laute fröhliche Rufe junger Mädchen und hin und wieder Klatschen und Johlen. Meine Neugier war geweckt. Und mein Bruder, der seit einigen Jahren Basketball spielte, wusste, welche Gruppe dort zusammenkam und parallel zu meinem so zähen Balletttraining derart viel Spaß hatte: Es war eine D-Jugend-Mädchen-Mannschaft mit einer engagierten Trainerin.

Ich konnte nicht anders: Nach einer der nächsten Ballettstunden schlich ich mich in die große Sporthalle, um den Mädchen beim Training zuzusehen. Das, was ich sah, erfüllte mich mit Begeisterung! Es ging nicht wie beim Ballett um die zarten, leisen Bewegungen, sondern darum, sich gegenüber dem Gegner zu behaupten. Und das in einem Team mit vielen Gleichaltrigen. Rennen, kämpfen, verteidigen – das war genau meins. Das wollte ich auch! Nach einigen Auseinandersetzungen mit meinen Eltern haben diese zum Glück eingesehen, dass ich beim Basketball trotz ärztlicher Empfehlung und mit X-Beinen besser aufgehoben war. Zum ersten Mal war ich ausgeschert und hatte mich getraut, mein inneres Bedürfnis durchzusetzen. Basketballspielen wurde ein wesentlicher, prägender Bereich in meiner Jugendzeit. Die Gemeinschaft mit Mädchen, die eben nicht unbedingt weiblich agierten, tat mir gut. Und es ging ja nicht darum, ob das, was ich tat, den Eltern gefiel. Es kam in erster Linie darauf an, wie ich mich damit fühlte. Der Zusammenhalt der Mannschaft war entscheidend. Hier habe ich zum ersten Mal gespürt, dass ich anders sein darf und trotzdem gemocht werde. Und dass es nicht nur *den* einen Weg gibt, um sich anerkannt und geschätzt zu fühlen.

Nach meiner ersten »Mini-Revolte« in Sachen Ballettunterricht versus Basketballspielen vergingen viele Jahre ohne ein wirkliches Aufbäumen gegen das Alltagsprogramm. Ich durchlief die Realschule, absolvierte das Abitur, pflegte Freundschaften, machte viel Sport und Musik. Ich verliebte mich in Jungs und genoss die Freiheiten eines Teenagerlebens. Bis zu dem Zeitpunkt, als es um die Studienwahl ging. Nun wurde es plötzlich kompliziert.

Da waren die Befürchtungen, in der Schule zu wenig Leistung zu bringen oder zu versagen. Dazu die Sorge, bei Basketballturnieren mit meiner Mannschaft vorzeitig auszuscheiden. Oder die immense Angst, bei Musikwettbewerben am Ende nicht weiterzukommen. Immer wieder war es die Angst zu versagen. All diesen Herausforderungen hatte ich mich, wie ich dachte, aus eigener Überzeugung gestellt. Eine direkte Aufforderung seitens meiner Eltern dazu gab es nicht. Es war der selbst gemachte Druck, alles schaffen zu können und nie »Nein« zu sagen.

Doch mittlerweile gab es schon damals eine – wenn auch kleine – Stimme in mir, die mir meine Grenzen angesichts all der Herausforderungen aufzeigte.

Seit meinem Konfirmandenunterricht und durch einige Jahre, die ich in einer kirchlichen Jugendgruppe verbracht hatte, war das Vertrauen, mich auf meinen Glauben verlassen zu können, gewachsen. Das Gefühl, dass ich trotz aller eigenen und fremden Ansprüche, die ich verinnerlicht hatte, von Gott so angenommen bin, wie er mich in die Welt gestellt hat, trug mich durch einige schwierige Phasen hindurch.

WEICHENSTELLUNGEN

BETTINA WULFF Einige Wochen vor dem Realschulabschluss hatte mir eine Dame bei der Berufsberatung nach einem zehnminütigen Gespräch tatsächlich geraten, Goldschmiedin zu werden. Mit dieser Einschätzung lag sie völlig falsch. Meine feinmotorischen Fertigkeiten bewegen sich bis heute nahe der Nulllinie. Um einen Zwirn in ein Nadelöhr einzufädeln, braucht es bei mir ungefähr zehn Minuten – Tendenz im Alter steigend. Zudem hatte ich ihr zu Beginn unseres Gesprächs bereits mitgeteilt, dass ich aufs Leibniz-Gymnasium in Hannover wechseln würde und interessiert an den Themen Medien und Theologie sei. Heute läuft Berufsberatung sicherlich empathischer ab.

Kurz vor dem Abitur wuchs in mir das Gefühl, dass es durchaus eine Option für mich wäre, Theologie zu studieren. Eine innere Stimme raunte mir zu: »Setze dich mit deinem Glauben intensiver auseinander, das kann zu einem Beruf für dich werden.« Ich malte es mir jedenfalls ganz wunderbar aus, für eine Gemeinde zu arbeiten, fröhliche Gottesdienste zu gestalten, Jugend- und Seniorenarbeit ganz neu zu beleben und überhaupt einen frischen Wind in die Gemeinde zu bringen.

Rückblickend betrachtet muss ich diesen Wunsch meinen Eltern gegenüber wohl mehr schlecht als recht vorgetragen haben. Auf jeden Fall löste mein Anliegen wenig Begeisterung aus. Sie hatten Bedenken, ob Theologie das Richtige für mich wäre. Ihre Fragen und das Argument, dass ich für ein Theologiestudium nicht nur das große Latinum brauchen würde, sondern auch das Graecum absolvieren und Hebräisch lernen müsste, waren nicht von der Hand zu weisen.

»Überleg dir das gut!«, damit endete das Gespräch. Die Worte arbeiteten in mir. Letztlich habe ich meiner inneren Stimme damals nicht vertraut, mir selber nicht genug zugetraut. Die Entscheidung war zu schwerwiegend, als dass ich sie ohne äußere Unterstützung hätte tragen können.

Den Gedanken, Theologie zu studieren, habe ich dann bald verworfen und mich für ein anderes Fach beworben. Als Erstes galt es, ein strenges Auswahlverfahren zu bestehen. Das habe ich geschafft und musste als Nächstes vorsprechen. Letztlich habe ich voller Freude einen der begehrten Plätze für das Fach Medienmanagement und angewandte Kommunikationsforschung an der Hochschule für Musik und Theater in Hannover bekommen und direkt nach dem Abitur dort begonnen zu studieren. Bei einer Studentenschaft von maximal 30 Leuten ein echtes Privileg – und total spannend. Anfangs war ich ganz beseelt und richtig begeistert. Dann wurde es zunehmend schwierig, und ich versuchte mühsam dem Leistungsdruck standzuhalten, den es auch untereinander gab. Parallel dazu begann ich in einer kleinen Internetagentur zu arbeiten. Ein lebendiger Ausgleich zum Studium, den ich schon bald nicht mehr missen wollte. Ich verbrachte immer mehr Zeit in der Agentur, entwarf Strukturen für Websites, schrieb Texte und betreute Kunden. Es fühlte sich neben dem von mir häufig als sehr theoretisch empfundenen Studium an der Uni, bei dem es vor allem um das Ansammeln von Wissen ging, für mich wie das »wahre«, lebendige Leben an. Aber studieren und an anderer Stelle viel arbeiten, das ging nicht zusammen. Mehr und mehr vernachlässigte ich die Aufgaben an der Universität und musste letztlich feststellen, dass es so für mich leider nicht funktionierte. Doch ein Scheitern konnte ich vor mir und meinem Umfeld nicht vertreten.

»SCHACHMATT«

Vor Beginn meiner Diplomarbeit bekam ich, gerade erst 25 Jahre alt, im Abstand von sechs Wochen zwei Bandscheibenvorfälle hintereinander. Mein Körper streikte. Und ich war plötzlich im wahrsten Sinne des Wortes schachmatt. Wer einmal starke Rückenschmerzen hatte, weiß, wovon ich rede. Nichts ging mehr. Ich lief von Arzt zu Arzt, von einer Untersuchung und Behandlung zur nächsten. Die Abschlussarbeit habe ich dann auch nicht mehr geschrieben.

Das war mein zweites »Ausscheren« aus einem »Funktionieren«, das ich mir selbst auferlegt hatte. Und es war sehr bitter. Sich vor meinen Eltern, den Professoren und Kommilitonen erklären zu müssen – »ich packe das nicht« –, hat schwer an mir genagt. Ja, ich hätte die Situation früher für mich klären, konsequent mit dem parallelen Arbeiten aufhören und mich ganz meinem Studienabschluss widmen müssen. Oder ich hätte abwägen sollen, ob die Aussicht, direkt in einen spannenden Job einzusteigen, ein Studium ohne Diplom aufwiegen kann. Stattdessen habe ich mich um diese Entscheidung monatelang herumgewunden, immer verbunden mit einem schlechten Gewissen und Albträumen. Das ging so lange, bis mein Körper mir schmerzhaft die Rote Karte gezeigt hat.

Ich habe dann die Uni verlassen, mich wieder aufgerappelt, bin in eine andere Stadt umgezogen, Hunderte von Kilometern entfernt. Und ich bin ins Berufsleben gestartet, als PR-Assistentin bei einer Kommunikationsagentur in München. Von da aus wechselte ich kurze Zeit später zur Continental AG, zurück nach Hannover, und arbeitete in der Unternehmenskommunikation des Konzerns. Vor allem in der Anfangszeit habe ich mich dort unheimlich stark engagiert, einiges angeschoben und viel gearbeitet.

AKZEPTIEREN, WAS IST

Nach einem guten Jahr merkte ich, dass ich mich nach etwas ganz anderem sehnte. Ich spürte, dass sich die erhoffte Erfüllung im Job auch durch noch so fleißiges Arbeiten nicht einstellen wollte. Morgens ging ich ganz gerne ins Büro, aber ich hatte abends auf dem Heimweg immer seltener das Gefühl, sagen zu können: »Das war ein erfüllter Tag.«

Meine Träume ließen sich so jedenfalls nicht realisieren. Innere Anerkennung konnte ich aus meinem Beruf nur bedingt ziehen. Eine klärende Erkenntnis – war ich doch bislang fest davon überzeugt, mich über beruflichen Erfolg definieren zu können!

Wenn man unglücklich ist, wird es Zeit, etwas zu ändern. Ich begann mich in meiner Freizeit stärker auf Dinge zu konzentrieren, die mir ein gutes Gefühl gaben. So fing ich wieder mit dem Singen an, fand bald einen tollen Kirchenchor mit vielen offenen Menschen. Und ich entdeckte meine Liebe zur Natur, zu Pflanzen und zum Gärtnern.

Diese Sätze bringe ich heute wie selbstverständlich und ganz leicht zu Papier. Damals war es anders. Es war für mich eine einschneidende Erfahrung zu akzeptieren, dass ich eigentlich gar nicht der Typ bin, der sich an sechs Tagen pro Woche von früh bis spät im Büro selbst verwirklichen will. Dass ich keine bin, die darin aufgeht, möglichst viel Verantwortung für Menschen, Projekte und Budgets zu haben, und sich vor allem über den Erfolg definiert.

Ich wollte natürlich meine Sache gut machen und etwas bewegen. Aber dieser Art von Leistungsdruck, dem hektischen Alltag in einem aktiennotierten Konzern wollte ich mich auf diese Weise nicht länger aussetzen. Nach und nach habe ich mich deshalb innerlich von meinem selbst gebastelten Bild der erfolgreichen Pressefrau verabschiedet und meine Prioritäten neu gesetzt.

Ich habe aber nicht gekündigt oder mich innerhalb der Firma versetzen lassen. So mutig war ich damals noch nicht. Stattdessen traf ich die Entscheidung zu bleiben, aber meine falschen Ansprüche ziehen zu lassen. Das fühlte sich unglaublich befreiend an!

Dennoch machte ich mir auch immer wieder Sorgen, hatte anfangs die Befürchtung, dass mir mein Chef, meine Arbeitskolleginnen und -kollegen direkt anmerken werden, dass ich nun weniger leistungsbereit bin. Und dass man mich deswegen auch weniger mag als zuvor. Aber das war gar nicht der Fall. Im Gegenteil. Einige Wochen später bekam ich die Rückmeldung, ich sei angenehm entspannt und würde so viel positiven Spirit ausstrahlen.

Ich hatte auf meine innere Stimme gehört, meinen Kompass danach ausgerichtet, und die Kolleginnen und Kollegen fanden, dass ich plötzlich viel offener sei. Eine wunderbare Erfahrung!

Leider schaffte ich es nicht, mir diese gelassene Achtsamkeit in den folgenden Jahren zu bewahren.

Immer wieder fiel ich auf die Stimmen in mir herein, die mir einflüsterten, dass Erfolg letztlich der Schlüssel für ein gelingendes Leben sei. Dass vor allem diejenige Wertschätzung erfährt, die richtig viel Leistung bringt. Dass man sich Anerkennung verdienen muss, indem man alles gibt – bis zur Selbstaufgabe.

Mittlerweile lebte ich mit meinem damals noch kleinen Sohn in einer süßen Wohnung mit winzigem Garten, ganz in der Nähe meines Arbeitgebers. Und ich hatte zum Glück nicht nur eine wunderbare Kita im Herzen Hannovers gefunden, sondern auch eine tolle Tagesmutter, die meinen Sohn häufig noch nachmittags bei sich zu Hause mit anderen Kindern betreute, bis ich von der Arbeit kam. Die Woche war deutlich durchgetaktet für uns beide, und ich fühlte eine hohe Verantwortung. Da war es wieder: das Gefühl, jetzt einfach funktionieren zu müssen. Gleichwohl war ich mir ab und an auch meiner Selbstbestimmtheit bewusst, einer wachsenden Kraft, den Alltag mit meinem Sohn auch mehr oder weniger alleine stemmen zu können. Gewünscht habe ich mir dennoch etwas anderes – einen Lebenspartner, der mir zur Seite steht.

An den Wochenenden bin ich in dieser Zeit sehr gerne ausgegangen, meine Eltern haben auf meinen Sohn aufgepasst, oder natürlich auch sein Vater. Oft waren es fröhliche Stunden mit Bekannten, die ich genießen konnte – aber meine Sehnsucht nach einer inneren Verbindung mit *einem* Menschen haben sie nicht gestillt. Und ich konnte feststellen, dass alleinstehende Männer in meinem Alter auch schon ihre leidvollen Erfahrungen mit gescheiterten Beziehungen und Ehen gemacht hatten.

Umso beeindruckter war ich, als ich auf einer Dienstreise nach Johannesburg Christian Wulff, den damaligen Ministerpräsidenten von Niedersachsen kennenlernte.

Ich war sehr kurzfristig als Vertretung für ein Vorstandsmitglied von meiner Firma »abgeordnet« worden, denn auch wenn ich den Besuch der Delegation des Ministerpräsidenten organisiert hatte, war meine Mitreise nicht eingeplant. Plötzlich saß ich zwischen lauter Delegationsteilnehmern, wenige Plätze von Christian Wulff entfernt, und fühlte mich ziemlich unsicher in meiner Rolle als zweite Besetzung, vor allem als sich der Ministerpräsident unmittelbar vor dem Start bei mir persönlich vorstellte. Die Herren waren alle im dunklen Anzug an Bord erschienen – und ich saß da in Jeans mit Baumwollpulli und trug einen Pferdeschwanz. Irgendwie war ich davon ausgegangen, der offiziellen Reisegruppe erst bei der Werksbesichtigung am folgenden Vormittag zu begegnen. Doch mein Aussehen schien den Ministerpräsidenten überhaupt nicht zu stören.

Am folgenden Tag zeigte ich der Delegation die Reifenproduktion meiner Firma, anschließend besuchten wir ein Waisenhaus im Johannesburger Township, das Continental finanziell unterstützte. Als wir dort in dem einfachen Haus mit all den kleinen Kindern saßen, war ich absolut beeindruckt von der offenen, sympathischen Art, mit der Christian Wulff als Politiker agierte. Und ich musste einige Vorurteile in meinem Kopf geraderücken.

Irgendwann auf der Reise fragte er mich nach meiner Telefonnummer. Der Rest ist Geschichte.

Als wir uns näher kennenlernten, war ich fasziniert von der Klarheit und Zielstrebigkeit, mit der Christian mir zeigte, dass er mit mir zusammen sein wollte. Er hatte für sich eine Entscheidung getroffen und war bereit, dafür die Konsequenzen zu tragen. Unser Zusammensein sorgte für einigen Wirbel. Ein konservativer, katholischer Spitzenpolitiker trennte sich nach vielen Jahren Ehe, um mit einer jüngeren, alleinerziehenden Frau zusammenzuleben. Obwohl wir in einer recht offenen Gesellschaft leben, gab es einige Personen auf dem politischen Parkett, denen das überhaupt nicht gefiel. Und auch in den Medien erregten wir beide als Paar höchste Aufmerksamkeit.

Christians Leben änderte sich durch unsere Beziehung schlagartig – und meines ebenso! Auch wenn ich vor der Bekanntgabe unserer Verbindung eine leise Ahnung hatte, dass sich etwas in meinem Alltag verändern würde – es kam alles ganz anders. Wie es wirklich sein würde, lag jenseits meiner Vorstellungskraft.

BLITZLICHTGEWITTER

Ich bin nie ein scheuer Mensch gewesen, und durch meine Körperlänge war es mir auch nicht fremd, manchmal aufzufallen. Doch von einem zum anderen Tag auf den Titelseiten von Tageszeitungen und Magazinen abgebildet zu werden und in der Folge von wildfremden Menschen nahezu überall im Land erkannt und angesprochen zu werden, hat mir damals einiges abverlangt. Plötzlich war fast alles in meinem Leben öffentlich. Jeder konnte nachlesen, wo ich arbeitete, dass ich einen Sohn habe und welchen Hobbys ich nachging.

Wir waren als Paar von Beginn an einem heftigen Druck ausgesetzt. Ich hatte das Gefühl, dass permanent beobachtet wurde, was wir sagten und taten, wie wir in einem bestimmten Moment aussahen. Ob wir lächelten, die richtigen Worte fanden oder schwiegen. Ob wir Händchen oder Abstand hielten, vielleicht gerade zuvor eine Diskussion miteinander geführt hatten. Jede Regung, jede Geste wurde beobachtet und oft auch kommentiert. Einige Medien gingen dabei ziemlich weit, wenn sie immer neue Spekulationen verbreiteten. Zum Beispiel die Frage, ob das nur zaghafte »Händchenhalten« und die Distanz, die wir beim Gehen hatten, vielleicht schon der erste Hinweis auf eine mögliche Beziehungskrise waren …

Gingen Christian und ich erstmals in einer Disco tanzen, war das am nächsten Tag Thema. Und wenn er mich später zu offiziellen Terminen mitnahm, merkte ich überdeutlich, was es heißt, im Licht der Öffentlichkeit zu stehen.

Wie verhielt man sich als die perfekte Ehefrau eines Ministerpräsidenten? Was war in dieser Situation, auf diesem Empfang, auf dem wir beide eingeladen waren, vielleicht angesagt? Und was ließ man besser bleiben? Einige formulierten uns gegenüber klare Erwartungen. Andere tuschelten verdeckt hinter der Hand, und in manchen Situationen merkte man durch die Reaktionen der Umstehenden, dass gerade etwas ablief, was nicht ganz deren Vorstellungen entsprach. Dieses Erleben und das permanente Gefühl, zukünftig noch besser aufpassen zu müssen, was ich tue, schraubten meinen eigenen Anspruch immer weiter hoch.

Natürlich hat das etwas mit mir gemacht. Eine Konsequenz war, dass ich damit begann, meine wahren Gefühle weniger zu zeigen. Meine Emotionen, jegliche Gefühlsregung bei öffentlichen Auftritten zu unterdrücken. Was ich wirklich dachte, für mich zu behalten.

Früher war ich in dieser Hinsicht deutlich offener gewesen. Nun versuchte ich aus Unsicherheit – wie ich wohl im Licht der Öffentlichkeit wirkte – mein Verhalten unter Kontrolle zu halten und meine Rolle an der Seite von Christian möglichst optimal auszufüllen. Ich wollte vor allem zeigen, dass ich diesem öffentlichen Leben gewachsen war.

Wenn ich etwas irgendwie komisch fand, unterdrückte ich ein Lächeln. War mir eher zum Weinen zumute, fragte ich mich, ob ich das jetzt wirklich zeigen darf – und hielt die Tränen zurück.

Das alles ließ mich, im Nachhinein betrachtet, wohl ziemlich kühl und berechnend wirken, zwei Eigenschaften, die mir nach meinem Empfinden überhaupt nicht entsprechen.

Einfach so »natürlich«, besser noch authentisch zu bleiben, wie es sich die Menschen von Personen des öffentlichen Lebens auch meistens wünschen, habe ich jedenfalls nicht geschafft.

Ich erfüllte eine Rolle, wahrte ein bestimmtes Bild, von dem ich dachte, dass es den Menschen gefällt, um mich an der Seite dieses Mannes zu respektieren. Ich wollte alles perfekt machen – weiter gute Arbeit abliefern, eine liebevolle Mutter sein, an der Seite meines Partners souverän auftreten und dabei natürlich stets gut aussehen. Um diesem Druck standzuhalten, allen Ansprüchen gerecht zu werden, verbog ich mich selbst. Der seelische Druck in meinem Inneren war irgendwann mindestens ebenso hoch wie der gefühlte Druck von außen.

Auch während unserer Zeit in Berlin habe ich mich nach allen Kräften bemüht, meiner Rolle als »First Lady« gerecht zu werden. Dass es schwer werden würde, lag auf der Hand. Aber ich hatte nicht damit gerechnet, wie es wirklich war. Es gab Missgunst und Neid. Man erzählte sich Dinge hinter meinem Rücken. Anderes wurde auch ganz offen und ziemlich verletzend ausgesprochen. So gab es Gerüchte über mein angebliches unmoralisches Vorleben, man fragte sich, wie eine tätowierte Frau überhaupt eine solche öffentliche Rolle ausfüllen konnte. Es war unglaublich, welche seltsamen Bilder sich manche Menschen von mir machten. Und die mediale Bewertung meiner Person durch Journalisten, die mich nie persönlich kennengelernt hatten, hat mich immer wieder zutiefst verletzt, auch wenn ich es lange Zeit nicht wahrhaben wollte und so tat, als interessierte es mich nicht.

Zudem habe ich mit meinen eigenen Zweifeln und Ängsten gekämpft zu versagen – in dieser offiziellen Rolle, die so plötzlich auf mich zukam. Im Nachhinein musste ich oft an die Sätze von Michelle Obama denken, die sie mir bei unserer Begegnung auf der amerikanischen Flugbasis Rammstein mit auf den Weg gab: Ich solle immer versuchen ein normales Familienleben aufrechtzuerhalten und vor allem auch die kleinen Rituale mit den Kindern pflegen. Das ehemalige Präsidentenpaar scheint dies auf eine liebevolle Art und Weise geschafft zu haben, denke ich, wenn ich ab und an Bilder der Familie sehe. Für mich war dieser Spagat wohl letztlich zu groß.

AUFS FALSCHE GLEIS GESETZT

HEINO MASEMANN Fast denke ich, das hat jeder in bestimmten Situationen schon empfunden: »Das Leben, das du gerade lebst, ist nicht das Leben, das du eigentlich leben solltest. Du bist nicht, was du gerade tust. Du verbiegst dich. Und fügst deinem inneren Menschen, deiner Seele auf diese Weise Schmerz zu.« Dieses Empfinden begegnet mir auch immer wieder in Seelsorgegesprächen.

Da berichtet der zweitälteste Sohn einer Familie, der eine künstlerische Ader hat, aber die Firma des Vaters übernehmen musste, weil sein älterer Bruder gestorben war. Der Vater forderte ihn dazu auf: »Junge, du musst da jetzt ran. Hier geht es um unsere Familie. Enttäusche mich nicht!« Und so schleppt sich der Sohn dann Tag für Tag mit Schlips und Kragen ins Geschäftsführerbüro, und das Einzige, was ihn an seine eigenen Neigungen noch erinnert, sind die beiden modernen Gemälde an der Wand gegenüber seinem Schreibtisch.

Als wir uns begegneten, stand dieser Mann mit Ende 30 kurz vor einem Burn-out. Die Erwartungen seines Vaters waren eine Last, die seine Schultern sichtbar niederdrückte und ihm die Freude am Leben zunehmend raubte. Er berichtete mir: »Ich konnte meinen Vater doch damals nicht enttäuschen. Er litt so sehr unter dem Tod meines Bruders. Andererseits habe ich Angst, kein würdiger Nachfolger meines Vaters zu sein. Dass ich den Laden irgendwann gegen die Wand fahre, das Lebenswerk meines Vaters ruiniere. Auch wenn ich damals, als ich die Aufgabe übernommen habe, noch nicht wusste, was ich werden wollte – auf jeden Fall wollte ich etwas ganz anderes sein als der Chef dieser Firma. Ich hätte damals ›Nein‹ sagen sollen, aber ich habe ›Ja‹ gesagt.«

Ich bin glücklicherweise im Blick auf mein Berufsleben davor bewahrt worden, mich aufs falsche Gleis zu setzen. Pastor sein, das ist meine Leidenschaft. Was aber zunächst alles andere als klar war.

Journalist, das war der Beruf, den ich ansteuerte. Schon als Schüler war ich als freier Mitarbeiter für die örtliche Tageszeitung tätig, und schließlich bot mir der Chefredakteur ein Volontariat an. Ich war begeistert, sah mich ein Jahr später bereits an einem Redaktionsschreibtisch vor der Schreibmaschine sitzen. In der Zeit bis dahin wuchs in mir allerdings mehr und mehr der Zweifel an diesem Weg. Und zeitgleich begegnete ich immer wieder Menschen, die mich ermutigten: »Studiere doch Theologie. Irgendwie würdest du einen guten Pastor abgeben«, sagten sie. Zunächst verdrängte ich die Gedanken daran komplett. Pastor? Ich?

Keiner meiner Kumpels, niemand, der mich »von früher« kannte, hätte sich das vorstellen können, das war mir sonnenklar. Meine Familie und mein Freundeskreis waren nie besonders »kirchlich«. Ich bin in einer Umgebung aufgewachsen, die der Meinung war, mit der Kirche ist es wie mit dem Krankenhaus: Gut, dass es das gibt. Es ist aber auch gut, wenn du da nicht hinmusst.

Sehr hilfreich waren für mich damals die Gespräche mit Freunden. Der offene Gedankenaustausch mit ihnen ermutigte mich dazu, meine bisherigen Pläne zu überdenken. Und ich gewann mehr und mehr die Überzeugung: Pastor, das ist dein Beruf. Und zwar im eigentlichen Sinne des Wortes: Das ist deine Berufung. Du sollst anderen Menschen helfen, das, was du im Blick auf Gott und die Welt entdeckt hast, auch für sich selbst zu finden.

Trotzdem war es für mich nicht leicht, mich auf das Theologiestudium einzulassen. Da ich früher nie einen Gedanken in diese Richtung verschwendete, hatte ich an der Schule natürlich auch keine der alten Sprachen gelernt. Nun brauchte ich Hebräisch für die Übersetzung des Alten Testaments, Altgriechisch für die Übersetzung des Neuen Testaments und Latein für die Übersetzung der Kirchenväterschriften.

Rückblickend bin ich dankbar, dass ich es wagte, einen anfangs ganz und gar unüberschaubaren Weg zu gehen. Ich habe es nie bereut.

Die Erfahrung, »Ich bin auf dem falschen Gleis«, machen manche auch im Blick auf ihre Partnerschaft oder Ehe. Wenn einer der Beteiligten oder sogar beide feststellen: »Wir waren viele Jahre gut miteinander unterwegs, aber jetzt, nach 10, 15 oder mehr Jahren ist das anders. Das passt irgendwie nicht mehr mit uns beiden.« Immer wieder begegnet mir dies in Seelsorgegesprächen.

Auch der Bereich der sexuellen Orientierung ist in diesem Zusammenhang zu nennen. Ich habe ein Ehepaar getraut, er war 26 Jahre, sie 24 Jahre alt. Gut zehn Jahre später trennten sie sich, weil sie feststellte, dass sie lesbisch veranlagt ist. Damals ging ein Aufschrei durch die Familie und den Freundeskreis. Oder ich denke an den jungen Mann, dessen Eltern ihn im Alter von fünf Jahren aus dem Kinderheim adoptierten. Sie hatten einen großen Bauernhof, aber keine eigenen Kinder und somit auch keinen Hofnachfolger. Nun freuten sie sich darauf, dass ihr Sohn eines Tages den Hof fortführen, heiraten und ihnen Enkelkinder schenken würde. Aber der verliebte sich mit 18 Jahren in einen Mann. Es tat ihm weh, seine Adoptiveltern derartig enttäuschen zu müssen. Es gab viele Tränen, als er sich ihnen offenbarte. Aber seine Eltern hatten die Größe, ihn sein Leben leben zu lassen.

Indem du die Erwartungen der anderen erfüllst, lebt es sich zunächst bequemer. Meistens bleibt aber auch vieles auf der Strecke, wenn jemand nicht zu seiner wahren Bestimmung findet. Nicht zuletzt, weil Gott jedem ein ganz eigenes großartiges Leben zugedacht hat.

Wenn du dich aufs falsche Gleis gesetzt hast, dann scheint das schwer rückgängig zu machen. Du kannst dein Gesicht dabei verlieren. Du musst dich vor anderen rechtfertigen und vielleicht einen hohen Preis bezahlen, ja. Aber es ist die Mühe und den Mut wert, deinen Weg zu suchen und ihn auch zu gehen! Das habe ich selbst erlebt.

FREUNDSCHAFT

HEINO MASEMANN Ich bin sehr dankbar für meine Freunde. Manche begleiten mich seit vielen Jahren. Zu andern ist der Kontakt über die Jahre dünn geworden. Wir sehen uns selten.

Alle aber geben mir Kraft. Und sei es nur dadurch, dass ich weiß, dass es sie gibt.

Bettina kenne ich seit 2012. Zu Anfang unseres Miteinanders stand meine Begleitung als Pastor und Seelsorger im Vordergrund. Im Laufe der Zeit wurden wir einander immer mehr zu gegenseitigen Wegbegleitern. Irgendwann haben wir uns öfters zum gemeinsamen Kochen getroffen. Frischer Spargel mit rohem Schinken, Kartoffeln und Buttersoße und ein guter Weißwein standen beim ersten Treffen auf dem Programm. Und am Schneidebrett oder Kochtopf, beim Gemüseputzen oder Fleischfiletieren kamen und kommen Themen wie Kinder, Kirche, Liebe und Träume, Abschied und Angst »auf den Tisch«. Offen und persönlich, lebensnah und leidenschaftlich.

Eine echte Männerfreundschaft verbindet mich mit Carsten. Wir kennen uns seit der Jahrtausendwende und begegneten uns nach zwölf Jahren ganz unversehens in Hannover wieder. Seitdem treffen wir uns Woche für Woche zum Mittagessen. Da wir beide beruflich sehr eingespannt sind, ist es nicht leicht, den regelmäßigen Termin durchzuhalten. Aber wenn es irgendwie geht, machen wir ein Treffen möglich. Beim italienischen Mittagstisch und anschließenden Espresso erzählen wir einander von unseren Partnerschaften. Nicht nur von den guten Tagen, auch von den schweren. Wir sprechen über unsere Kinder. Manchmal geht es auch um Pläne für Haus und Garten, um Finanzen oder um unsere Arbeit. Auf jeden Fall aber sind unsere Gespräche immer sehr persönlich und vertraut. Das geht so weit, dass der eine dem anderen auch mal gründlich die Meinung sagt, wenn einer von uns beiden sich irgendwie verrannt hat. Ich merke: Es tut gut, wenn mich jemand kennt. Wenn jemand weiß, wie ich mich fühle. Auch mit meiner Lebensgefährtin spreche ich über vieles, aber »so von Mann zu Mann«, das ist noch einmal anders gut.

Freunde sind für mich Menschen, die mir ein ehrliches und zugleich wohlwollendes, ein herzliches Gegenüber sind. Menschen, die mich ergänzen, die meine Schwächen aushalten und ausgleichen. Die mir beistehen, meine Dummheiten mittragen, manchmal durchtragen. Menschen, die in den schweren Zeiten meines Lebens da sind. Die auch mit mir weinen und an meinem Kummer mitleiden. Und auf diese Weise in den schweren Zeiten den Schmerz lindern. So, wie das auf den ersten Seiten der Bibel steht: »Es ist nicht gut, dass der Mensch allein sei …« (1. Buch Mose) Oder eben ganz praktisch: »So ist's ja besser zu zweien als allein; denn sie haben guten Lohn für ihre Mühe. Fällt einer von ihnen, so hilft ihm sein Gesell auf. Weh dem, der allein ist, wenn er fällt! Dann ist kein anderer da, der ihm aufhilft. Auch wenn zwei beieinanderliegen, wärmen sie sich; wie kann ein Einzelner warm werden? Einer mag überwältigt werden, aber zwei können widerstehen …« (Die Bibel, Prediger Salomo) Ich bin sehr dankbar für solche Freunde.

DAS HÄLT EWIG

BETTINA WULFF Wie viele wahre Freunde kann man im Leben haben? Für mich kann ich sagen: Es gibt nicht viele. Es sind diejenigen, zu denen ich eine so enge emotionale Verbindung habe, dass sie schon direkt wissen, wie es mir geht, wenn sie meine Stimme kurz am Telefon hören. Menschen, denen ich alles anvertrauen kann. Meine Sorgen, meine Ängste, meine kühnsten Träume, meine Fragen und meine Schuld. Darum zu wissen, ist für mich ein großer Halt und ein Geschenk. Heino gehört eindeutig dazu und meine engste Freundin Stefanie, wir kennen uns seit der Schulzeit. Über die Jahrzehnte ist eine tiefe Verbundenheit gewachsen, unser regelmäßiger Austausch ist für mich total wichtig. Stefanie ist auch diejenige, die mich neben meiner Familie am längsten und besten kennt. Wir wissen mehr oder weniger alles voneinander, kennen ganz dunkle Momente ebenso wie die unbeschwerten und glücklichen Stunden. Stefanie hat meinen Weg verfolgt und mir ein offenes Ohr geschenkt, wenn ich jemanden brauchte, mit dem ich meine Gedanken teilen kann. Sie weiß um meine Probleme in der Studienzeit, die Suche nach dem perfekten Job, die Ängste vor der Geburt meiner Kinder, die Freude über das neue Leben. Auch um Beziehungs- und Ehekrisen, Scheidungen und Krankheiten. Das Leben miteinander zu teilen, mit einer Freundin, die zu einem steht, egal was passiert – das ist unendlich wertvoll. Zum Glück gibt es solche Menschen, die plötzlich in dein Leben kommen und für immer bleiben.

Ich bin ein verbindlicher Mensch. Habe ich jemanden in mein Herz geschlossen, muss sehr viel passieren, bis ich eine Beziehung oder Freundschaft beende. Und immer schon wollte ich auch in Bindung mit einem Mann leben, den ich liebe und der mich liebt. Die Sehnsucht nach fester Beziehung war stark, so stark, dass ich mich schon mit 18 Jahren mit meinem damaligen Freund verlobt habe. Es war eine große Liebe. Aber die Beziehung hielt nicht lange. Und wir mussten uns eingestehen, dass uns der Studentenalltag auf unterschiedliche Wege führte.

Der aufrichtige Wunsch, ein Leben lang zusammenzubleiben, stand an jedem Beginn einer Beziehung. Eigentlich habe ich mich immer für einen beziehungsfähigen Menschen und eine »ehetaugliche« Frau gehalten. Doch die starke Sehnsucht nach gemeinsamem Leben, Sicherheit und Gemeinsamkeit hat mich auch häufig blind werden lassen – für das, was tatsächlich da war, und für das, was eben auch fehlte. Dann folgten nach Höhenflügen und dem Gefühl, mit Schmetterlingen im Bauch unterwegs zu sein, schmerzhafte Bruchlandungen mit vielen Verletzungen.

Vom Vater meines ersten Sohnes habe ich mich getrennt. Meine Beziehung danach ist zweifach gescheitert. Nach all dem Erlebten habe ich mein Beziehungsbild komplett in Frage gestellt. Ich lerne erst langsam, meine eigenen Bedürfnisse an einen Partner zu spüren und vor allem auszusprechen.

Vor wenigen Monaten ist nun mein Freund Jan zu mir gezogen, in ein kleines Haus in meiner Heimatstadt Großburgwedel. Ein besonderer Schritt, den wir uns gut überlegt haben. Die Entscheidung war für uns aber auch klar. Mit Mitte 40 hatten wir beide nicht mehr das Gefühl, dass wir ein Zusammenleben auf die lange Bank schieben sollten.

Dass wir ganz offen miteinander über alles reden können, was uns umtreibt, genieße ich sehr. Und ich möchte mich nicht mehr verbiegen – mir und dem anderen zuliebe. Ich will nichts leisten müssen, um geliebt zu werden. Dafür habe ich zu viel erlebt und weiß zudem, dass meine Zeit endlich ist.

Mit 46 beginne ich endlich damit, mir und anderen einzugestehen, was mich wirklich trägt. Und ich mache mir bewusst, wie ich die nächsten Jahre wahrhaftig leben möchte.

Eines ist klar: Mein Leben wird ein anderes sein! Und das ist gut so.

Es waren gravierende Veränderungen, mich aus alten Mustern und auch von gewohnten Kreisen zu lösen und stattdessen mit offenem Herzen neue Herausforderungen im Berufsleben anzunehmen.

DAS GLÜCK WAHRNEHMEN

Natürlich war da, wenn ich zurückblicke, auch unwahrscheinlich viel Positives! Ich denke an glückliche Tage mit einem geliebten Menschen an meiner Seite. Die Geburt unserer Kinder. Wertvolle Begegnungen mit interessanten Menschen. Und ich weiß, welch ein privilegiertes Leben ich geführt habe – und führe. Aber vieles vermeintlich Wunderbare war für mich letztlich nicht so erfüllend, dass es meine inneren Bedürfnisse stillen konnte.

Was ich sage, mag für einige überheblich klingen. Nach dem Motto: »Soll sie doch froh sein über das, was sie alles hatte.« Oder: »Jedes Leben hat eben seinen Preis …« Ja, das ist beides wahr.

Und doch reicht es nicht, um glücklich zu sein. Für mich war der Preis zu hoch.

Ich habe unter der Angst vor den Be- und Verurteilungen anderer gelitten und viele Jahre lang versucht, mich den gängigen Konventionen bestmöglich anzupassen. Das Gefühl, wie es ist, einen äußeren Rahmen mit großer Kraftanstrengung aufrechtzuerhalten, auch wenn ich schon weiß, dass es nur noch um die Fassade geht und das Innere längst zerbröselt ist, kenne ich nur zu gut.

GRÖSSER ALS DIE ANGST!

Die innere Stimme, die mir rät, mit bestimmten Konventionen und Bildern zu brechen, ist mittlerweile größer als die Angst, es nicht zu tun. Ich möchte meiner inneren Stimme endlich Gehör verschaffen und auf sie achtgeben – bei allem, was ich tue. Dazu gehört Übung.

Es fühlt sich zuweilen für mich ein bisschen so an, wie erstmals barfuß über eine bunte Frühlingswiese zu gehen, nachdem man jahrelang mit eher festen Stiefeln über englischen Rasen marschiert ist. Bei aller Unsicherheit des noch nicht Vertrauten überwiegt für mich ein warmes und erfüllendes Gefühl. Um im Bild zu bleiben: Es kribbelt unter den Fußsohlen, es tut gut, den warmen Boden zu spüren. Die alten Konventionen fallen langsam von mir ab, das verschafft mir Luft zum Atmen. Behutsam versuche ich mein Leben so zu gestalten, wie es sich für mich gesund anfühlt. Und ich übe mich darin, Menschen offener und weicher zu begegnen. Ich weiß und bin überglücklich, dass ich keine harte Schale mehr zu zeigen brauche, keinen Panzer, mit dem ich mich gegenüber allem, was mich verletzen könnte, wappne. Stattdessen will ich darauf vertrauen, dass mein Gegenüber meine Empfindsamkeit spürt und wertschätzend mit ihr umgeht.

Meinem inneren Seismografen lasse ich seit einigen Monaten ungleich mehr Raum, wenn es darum geht zu schauen, welche Menschen mir wirklich guttun.

Ich möchte mir meine Bedürfnisse zugestehen und ihnen nachgehen. Aber dabei auch achtsam mit meinem Gegenüber umgehen – und die Menschen, die ich liebe, so erkennen, wie sie sind.

Einen Schritt nach dem anderen wagen, barfuß auf der Wiese. Im eigenen Tempo, Hauptsache, nach vorne.

SO GEHÖRT SICH DAS

HEINO MASEMANN Früher war ein Pastor für viele ein Vorbild. Für die Menschen in der Kirchengemeinde und auch in der gesamten Gesellschaft. Man hatte bestimmte Bilder im Kopf: vom Pfarrer, der sich in jeder Lebenslage als Mann tiefen Glaubens und beeindruckender Frömmigkeit erweist; demjenigen, der als evangelischer Pfarrer ein liebender und treuer Ehemann, fürsorglicher Vater einer großen Kinderschar ist, im Umgang mit den ihm anvertrauten Gaben des Lebens stets bescheiden und maßvoll. Seine Frau: ebenso liebend, treu und fürsorglich wie er, nicht zuletzt im Blick auf die Kirchengemeinde. Darum arbeitet sie auch nicht außer Haus, sondern hält stattdessen ihrem Mann den Rücken frei für seinen Dienst. Den Rest ihrer Kraft opfert sie für die Familie und das gastfreundliche Pfarrhaus. Ein Leben in Frieden und Freude, wie es sich gehört. So die perfekte Vorstellung. Mehr Klischee geht nicht. Oder?

Ich selbst hatte solche Bilder früher auch im Kopf. Dachte: So passt es richtig gut! Und habe eine Weile mein eigenes Leben daran gemessen. Schlecht ist es ja auch nicht, wenn es so im Pfarrhaus zugeht – und besonders ist es für die Gemeinde von Vorteil. Aber leider wird die Realität unseren Vorstellungen vom perfekten Leben nie wirklich gerecht. Und sie muss es auch nicht. Denn die Vorstellungen, die Bilder, die wir haben, die Rollenzuweisungen für die beteiligten Menschen, alle Schablonen, die wir anwenden – sie machen das Leben eng. Wir können ihnen nicht gerecht werden. Das Leben lässt sich nicht einfangen und in eine Form pressen. Auch wenn tradierte Ansprüche und unsere inneren Bilder uns dazu drängen möchten: Keiner von uns kann ein perfektes Leben führen. Immer wieder ereignet sich etwas, was anders ist als die Norm. Wir entsprechen nicht den Bildern, die sich andere von uns machen. Und so sah auch unser Leben als Pastorenfamilie immer wieder anders aus, als »es sich gehört«.

Meinen Kindern habe ich nicht einmal das Vaterunser beigebracht. Sie mussten auch nie den Gottesdienst besuchen oder die Bibel lesen. Obwohl ich beides für sehr wertvoll halte und es für mich selbst und meinen Glauben sehr wichtig ist. Aber niemand sollte etwas müssen! Das gilt gerade mit Blick auf den christlichen Glauben. Ich habe darauf vertraut, dass meine Kinder von sich aus das Beten lernen und im Glauben heimisch werden, wenn es für sie an der Zeit ist. Dass sie aus eigenem Antrieb Gottesdienste besuchen und irgendwann damit beginnen, die Bibel zu lesen. Dann, wenn es in ihr Leben passt und ihnen darum ein persönliches Bedürfnis ist. Eigentlich ist dies auch völlig normal – oder? Aber ich merke, dass ich in bestimmten christlichen Kreisen manches Mal auf Unverständnis stoße, wenn ich davon erzähle.

Als ich meine erste Pfarrstelle in einer kleinen Dorfgemeinde antrat, haben meine damalige Frau und ich ein Stück weit eine heile Welt gelebt. Und das sehr gerne. Immer war ich Pastor mit Leib und Seele. Ich liebe diesen Beruf, der für mich mehr ist als ein Job. Er ist meine Berufung. Meine Frau trug das dankenswerterweise mit und verzichtete damals bewusst auf ihre Berufstätigkeit, um meinen Dienst auf diese Weise zu unterstützen. Daneben war sie es im Wesentlichen, die unsere Kinder gut erzog und auf das Leben vorbereitete. Unser Pfarrhaus war ein offenes Haus, in dem sich viele Menschen zum gemeinsamen Essen und Trinken, Denken und Reden über Gott und die Welt willkommen fühlten.

Im Blick auf unsere Ehe hatte ich sehr klare Vorstellungen davon, wie es sich gehört. Vorstellungen, die teilweise auch daraus genährt wurden, dass ich meiner Rolle als Pastor gerecht werden wollte. Eine Ehe wird aus Liebe geschlossen, sie bewährt sich in guten und in bösen Tagen und dauert, bis der Tod einander scheidet, wie es im Eheversprechen formuliert ist. Das war meine Vorstellung, die im christlichen Glauben wurzelte. Und es ist auch immer noch meine Überzeugung, wenn ich bei einer Trauung den Bund der Ehe zwischen zwei Menschen segne: Ja, dieses Paar will ein ganzes Leben zusammenbleiben, einander »lieben und ehren, vertrauen und treu sein«, egal was kommt.

NIEMALS!

Im Blick auf meine eigene Ehe überholte mich allerdings die Wirklichkeit: Sie wurde nach mehr als 25 Jahren geschieden. Das hätte ich nie gedacht! Nie! Nie! Nie! Eine Scheidung lag für mich völlig außerhalb des Möglichen!

Wir hatten doch aus Liebe geheiratet. Und wir haben diese Liebe auch viele Jahre – in guten und in bösen Tagen – durchgehalten. Aber eben nicht bis zu unserem Tod, wie wir es eigentlich wollten, damals, als wir vor dem Altar die Ehe schlossen.

Der Traum von einer heilen Welt verband uns lange, aber irgendwann und irgendwie haben wir uns im Laufe der Jahre als Paar verloren. Das wollte keiner. Und es war und ist unendlich schmerzlich für alle Beteiligten. Aber es ist geschehen. Für mich war und ist es die größte Niederlage meines Lebens. Zugleich bin ich unendlich dankbar für die vielen guten Jahre, die wir gemeinsam hatten. Und für unsere wunderbaren Kinder.

Heute weiß ich aus mancherlei Erleben: Es gibt vielfach beides gleichzeitig: auf der einen Seite die Liebe und das damit verbundene Glück – und auf der anderen Seite die Entfremdung und die damit verbundene Not. Die Liebe, das Glück und unser ganzes Leben sind immer brüchig. Freude und Trauer liegen stets dicht beieinander. Ebenso wie Triumph und Niederlage, bestimmte Vorstellungen und die Enttäuschung, dass es anders kommt. Zärtlichkeit und Verletzung, Leidenschaft und Gleichgültigkeit, Vertrauen und Zweifel – auch das gehört dazu. Und eine Ehe, auch eine im Namen Gottes gesegnete Ehe, ist nie entweder gut oder schwer, sondern meistens »sowohl als auch«. Und falls sie eines Tages scheitert, geht dies immer mit Verletzungen, Schmerz und Schuld einher. Darum ist es umso wichtiger, in solchen Fällen irgendwie miteinander ein »verantwortungsvolles Ende« zu finden. Und dann dem anderen später auch einen neuen Anfang zu gönnen und zu ermöglichen.

Wie dies gehen kann, hängt natürlich viel von der jeweiligen Situation ab. Und darum gibt es hier auch kein Patentrezept. Der eine braucht erst einmal eine scharfe Trennlinie, um mit der gesamten Situation klarzukommen. Es tut nicht gut, einander zu begegnen, jedes Mal brechen alte Wunden neu auf. Eine andere kommt gut damit klar, dass man sich auch nach einer Trennung nahezu täglich sieht und vieles weiterhin miteinander bespricht und regelt. Einige wenige bleiben trotz allem sogar gute Freunde. Das ist selten.

Wir reagieren in Krisensituationen völlig unterschiedlich. Der eine schaltet irgendwie ab und zieht sich zurück. Ein anderer reagiert total emotional und panisch. Bei manchem gehen Enttäuschung und Wut nebeneinanderher, und es ist schwer, überhaupt eine Sprachebene zu finden. Das macht das Ganze unheimlich kompliziert. Es ist gut, sich dann neu klarzumachen: Jeder ist irgendwie auf seine Art besonders und einmalig. Mit all seinen Begabungen, aber auch mit allen Schwächen.

Beziehungen leben gerade durch die Unterschiedlichkeit der Partner, dass wir miteinander Konflikte lösen und einander aushalten. Dass wir einander vergeben. Und davon, dass wir uns trotz allem immer wieder einander zuwenden.

Wenn es irgendwann nicht mehr miteinander geht, dann wird klar: Du musst dich trennen.

Auch in der Bibel werden Trennungsgeschichten erzählt, wird von krisenhaften Situationen berichtet. Zum Beispiel, wie sich Abraham einst von seinem Neffen Lot trennte. Auf den ersten Seiten der Bibel ist das nachzulesen. Die beiden gehörten zu einer Familie, zu einer Sippe. Das war damals von ihrer Art her eine Gemeinschaft, wie es heute die Ehe ist. Aber »das Land konnte es nicht ertragen, dass sie beieinander wohnten«, heißt es von ihnen. (1 Mose 13, 6a) Der Raum ihres Miteinanders wurde zu eng. Und so gab es immer Streit zwischen den beiden. Das war bitter für alle Betroffenen, für die ganze Sippe. Darum sagte Abraham schließlich zu Lot: »Trenne dich doch von mir!« So kam es dann auch. Aber die beiden liefen nicht einfach auseinander. Sie besprachen alles zusammen. Und sie sorgten auch nach der Trennung noch füreinander, indem sie dem anderen Raum für seine neue Existenz zubilligten. So stellten sie sich ihrer Verantwortung.

Ein gelungenes Beispiel, wie es sein kann, wenn beide eine faire Trennung wollen.

Wir träumen alle von einem möglichst harmonischen, perfekten Leben. Von Sonnenschein, Gemeinschaft, glücklichen Stunden. Und wir möchten auch möglichst vielen mit unserem Tun gefallen. Wie meine Idealvorstellungen dabei genau aussehen, hängt wesentlich von frühen Prägungen ab – von den Menschen, mit denen ich aufgewachsen bin. Meinen Eltern, Geschwistern, anderen Verwandten und Freunden, manchmal auch Pastoren und ihren Familien, die mir gezeigt haben, wie es gehen könnte.

An ihrem Leben habe ich mir vielleicht ein Vorbild genommen. »So – ja genau so, oder so ähnlich will ich es auch machen.« Wer kennt solche Gedanken nicht. Wenn ich mir mein Leben als »heile Welt« wünsche, dann ist dies ein berechtigtes Anliegen.

Meine Kindheit spielte sich in einer wohlgeordneten Welt ab. Alles war scheinbar so, wie es sich gehörte. Heute weiß ich natürlich, dass meine Großeltern auch ihre Konflikte hatten, genauso wie meine Eltern. Ich realisiere, dass es nie einfach war, all die Jahre als Großfamilie gemeinsam unter einem Dach zu leben. Echte Rückzugsräume gab es wenig. Und ich erkenne, dass meine Eltern zwar ihre goldene Hochzeit miteinander feierten, aber dass die beiden auch gar nicht anders konnten, als sich irgendwie immer wieder zusammenzuraufen. Sie hatten nie die Möglichkeit, anders zu leben als miteinander.

Heute haben die meisten von uns mehrere Optionen, ihr Leben zu führen. Eine Ehefrau bleibt nicht zwingend zu Hause und kümmert sich um den Haushalt und die Kinder. Sie arbeitet vielleicht halbtags – oder der Mann bleibt zu Hause, und die Frau geht ihrem Beruf nach. Es gibt, auch wenn manches weiterhin schwierig umzusetzen ist, einfach deutlich mehr Möglichkeiten.

Und das ist ein Fortschritt, insbesondere für die Situation von Frauen. Wir folgen unseren Sehnsüchten und Wünschen, unseren Werten und unserem Glauben und gleichen sie mit der Wirklichkeit ab. Wenn es auf Dauer nicht passt, ziehen viele die Konsequenzen. Und zwar mit einer gewissen Furchtlosigkeit, die in unserem gestärkten Selbstbewusstsein wurzelt. Einem Selbstbewusstsein, das weiß: Ich kann nicht jedem gerecht werden, und ich muss mich nicht den Erwartungen der anderen unterordnen. Selbstverwirklichung hat natürlich auch ihre Schattenseiten. Wer nur auf sich und seine Bedürfnisse schaut, wird dem anderen nicht gerecht. Es gilt, dass man als Paar einen gemeinsamen Weg suchen muss, damit jeder ein bestmögliches Leben führen kann.

»So gehört sich das« – dieser Satz steht nirgendwo in der Bibel. Vielmehr ist er Ausdruck einer gewissen Bürgerlichkeit, die ich nicht teile. Und dabei bin ich mit Jesus in guter Gesellschaft. Es zeichnete Jesus aus, dass er auch dachte, sagte und lebte, was sich zu seiner Zeit nicht gehörte. Er tat das, wovon er überzeugt war, und brach, wenn es nötig war, mit gängigen Konventionen. Zu den Aussätzigen, die von der Gesellschaft ausgegrenzt wurden, suchte Jesus ganz bewusst Kontakt. Mit den Fremden, mit denen ein rechtschaffener Jude damals eigentlich nichts zu tun haben wollte, setzte er sich zusammen. Den gesellschaftlichen Geächteten öffnete er die Türen und Herzen. Den verachteten Zöllner lud er an seinen Tisch. Die Ehebrecherin, die gesteinigt werden sollte – er nahm sie in Schutz. Und zu seinen engsten Freunden gehörten keinesfalls die Weisheitslehrer seiner Zeit, die Reichen und Mächtigen – sondern einfache Leute, Fischer und Handwerker. Einen »Fresser und Weinsäufer« haben sie Jesus genannt – weil er mit den vermeintlichen Ungläubigen zusammensaß, gegessen und getrunken hat. Die Bekanntschaft mit einer stadtbekannten

Prostituierten hat man ihm vorgeworfen. »So gehört sich das nicht«, lautete die allgemeine Meinung. Aber Jesus ließ sich dadurch nicht von den Menschen abbringen. Jesus lebte und wirkte, um von der Liebe Gottes zu den Menschen zu erzählen – und diese Liebe mit seinem Leben zu bezeugen. Darum hat Jesus sich von den damals Frommen herabwürdigen, verleumden, verspotten und letztlich töten lassen.

Dank diesem Jesus kann ich auch zu mir selbst stehen. Zu meinen Niederlagen, auf die andere vielleicht mit dem Finger zeigen. Auch zu meinem Versagen, wo ich schuldig geworden bin. Ich muss nichts vertuschen oder verdrängen. Ich weiß, ich bin nicht perfekt – und ich brauche dies anderen auch nicht vorzugaukeln.

In dieser Hinsicht möchte ich gerne ein Vorbild sein. Ein Vorbild dafür, wie wir als Töchter und Söhne Gottes mit Schuld und Versagen umgehen können.

Am Ende deines Lebens werden Menschen sich nicht daran erinnern, welche Fehler du gemacht, welche Schuld du auf dich geladen hast, sondern wie du damit umgegangen bist. Dies wird der »Eindruck« sein, den du hinterlässt. Davon bin ich überzeugt. Deshalb möchte ich bei meinen Kindern in Erinnerung bleiben als jemand, der Fehler hatte, der Fehler machte – und dann aber auch für seine Fehler die Verantwortung übernahm.

Ich erbitte Vergebung, von betroffenen Menschen und von Gott.

Mein Sohn wurde mit einer schweren Krankheit geboren und starb im Alter von acht Jahren. Dass ein Kind vor seinen Eltern stirbt, ein Sohn vor seinem Vater, das ist schrecklich. Das gehört sich nicht! Das ist nicht »in Ordnung«. Das sprengt die normale Generationenabfolge. Aber ich beklage mich nicht darüber. Ich habe einige Zeit gebraucht, um dies so sagen zu können. Aber heute kann ich das aus Gottes Hand annehmen. Ich verstehe Gott oftmals nicht, aber ich vertraue ihm immer wieder.

Viele meiner Wunschbilder sind im Laufe der Jahre schmerzlich zerbrochen. Das war sehr bitter. Aber ich bin dafür letztlich auch dankbar, weil sich mein Denken und mein Glauben und mein Leben auf diese Weise geweitet haben. Ich habe erlebt, wie schmerzhaft die Entscheidung für eine Trennung sein kann. Aber »am langen Ende« war und ist es heilsam. Denn ich und alle Beteiligten können auf diese Weise ganz neu die Freude am Leben zurückbekommen.

Wenn wir an all das denken, was sich nicht gehört, wird deutlich, dass das Leben brüchig ist.

Alles vergeht, nur die Liebe Gottes nicht. Sie ist da – in allen Verwerfungen unseres Lebens. So, wie es in einem alten Vers heißt, der für mich zum Lebensmotto geworden ist:

Wechselnde Pfade,
Schatten und Licht.
Alles ist Gnade.
Fürchte dich nicht!

ALLES WIRD WIEDER GUT

BETTINA WULFF Scheppernd schlug das Fahrrad auf den Asphalt. Wieder einmal hatte ich den Lenker zu heftig eingeschlagen und dabei nicht kräftig genug in die Pedale getreten. So verlor ich das Gleichgewicht. Dann lag ich am Bordsteinrand, meine Strumpfhose hatte am linken Knie ein Loch, darunter glänzte die aufgeschürfte Haut. Mir kamen die Tränen. Aua, das tat richtig weh.

Zum Glück war es nicht weit nach Hause. Meine Mutter setzte mich auf den Küchentisch, um sich die Verletzung anzusehen. Dann nahm sie mich in den Arm und sagte: »Alles wird wieder gut«, bevor sie ein sauberes Tuch und ein Pflaster holen ging. Es tat so gut, getröstet zu werden. Und zum Glück sagte Mama nichts zu den Kratzern am Fahrrad und der kaputten Strumpfhose.

Während der ersten Versuche, das Radfahren zu lernen, gab es noch einige solche Stürze, viele Löcher in Strumpfhosen und Jacken, manche kleinere Schrammen.

Ich war damals vier Jahre alt, meine Eltern hatten vor Kurzem eine geräumige Wohnung auf dem Land bezogen, und ich übte eifrig das Fahren mit dem orangenen Rädchen, das ich von meiner Cousine »geerbt« hatte.

Einmal hat es mich richtig doof erwischt: Mein mutiger Versuch, mit dem Kinderrad die steile Garageneinfahrt hinabzusausen, endete mit einem fiesen Sturz am Pfeiler zwischen zwei Toren.

Meine Eltern hatten mich zuvor mehrfach davor gewarnt: Ich sollte es lieber sein lassen, noch dazu, wo das mit dem Bremsen nicht so richtig klappen wollte. Aber gerade das war natürlich auch der Reiz … Aber auch in diesem Fall ist mir zum Glück nicht allzu viel passiert. Und ich durfte wieder die Erfahrung machen: Mutter tröstet, Pflaster hilft, »Alles wird wieder gut«, Knie heilt.

Wie gut wäre es, wenn alle Unglücke in unserem Leben so glimpflich ausgehen. Und dass es dann sogar noch einen lieben Menschen gibt, der nicht mit mir schimpft, sondern mich umarmt. Trotz allem! Aber das bleibt ein Traum.

Ich habe schon einige Bruchlandungen hinter mir, mit und ohne Fahrrad. Mir sind sehr schmerzhafte Dinge passiert. Und einige große Dummheiten hab ich auch gemacht. Manches hätte ich vorher besser wissen können. Dennoch wage ich immer wieder etwas, manchmal auch gegen alle Warnungen. Denn ich bin ein absolut neugieriger, lebenshungriger Mensch – und ich muss zugeben: Häufig hat mich das Risiko am Neuen, noch Offenen in meinem Leben gereizt.

Meist bin ich mit kleinen Schrammen davongekommen. Manches Mal war es aber auch ein richtig heftiger Sturz, der mich bis ins Mark erschütterte und bis heute nachklingt. Ich fragte mich hinterher, wieso ich derart naiv sein und glauben konnte, die Situation noch im Griff zu haben.

Meistens liegt es ja nicht allein in unserer Hand, wie ein waghalsiger Ausflug ausgeht – oder die vermeintlich harmlose Spritztour. Da spielen viele Faktoren mit hinein: die Geschwindigkeit, die Beschaffenheit der Wegstrecke (topfeben, holprig, steil, unpassierbar), das Wetter, Reisegefährten, die einen ermuntern, das eine oder andere auszuprobieren; unvermittelte Planänderungen ohne ausreichende Bedenkzeit, Materialbruch oder andere plötzlich hereinbrechende Katastrophen. Natürlich ist man häufig auch mehr oder weniger schuld an einem Missgeschick. Wenn man nachlässig und allzu sorglos ist, die eigenen Fähigkeiten überschätzt, die Sache (oder das Rad) einfach laufen lässt und letztlich zu viel wagt – dann ist ein Sturz unvermeidlich. Das habe ich mehr als einmal erfahren.

In bestimmten Situationen fällt es extrem schwer, sich den Glauben zu bewahren, dass alles wieder gut wird. Es sieht einfach düster aus. Und dann kommt man ins Hadern mit sich selbst.

Manchmal hatte ich schon früh eine Vorahnung, dass es schlecht ausgehen könnte – und hoffte dennoch auf ein gutes Ende. Dabei war das Ganze längst auf dem Weg bergab.

Wenn man anderen dabei zuschaut, wie sie so, ohne zu bremsen, auf etwas zusausen, hält man unbewusst den Atem an. Oder ruft noch laut: »Vorsicht, tu das nicht!« Noch zehn Meter, noch fünf, noch drei ... die hohe Geschwindigkeit, der lange Bremsweg, die mangelnde Erfahrung – da kommt vieles zusammen, und die Entwicklung lässt sich nicht mehr aufhalten. Man weiß: Das muss schiefgehen! Und es geht schief. Man sieht das Unglück schon kommen und wartet auf den Aufschlag. Zu spät. Es kracht.

Einige Zeitgenossen unternehmen solche gewagten Aktionen mehrmals auf ähnliche Art und Weise – obwohl sie eigentlich wissen sollten, dass es so nicht funktioniert. Ich gehörte zuweilen auch dazu.

Weshalb geben wir uns eigentlich der Illusion hin, dass es beim zweiten oder dritten Versuch sicher besser laufen wird als beim ersten, wenn sich letztlich an Grundsätzlichem nicht viel geändert hat?

Heute wundere ich mich selbst über meine Verbissenheit in vielen Situationen, wenn ich geradezu wie Sisyphus versucht habe, mit aller Kraft etwas zu erzwingen. Darüber, dass ich mich nicht auf mein Bauchgefühl verlassen und rechtzeitig die Bremse gezogen habe. Am besten noch direkt vor der Abfahrt. Ohne innere Reflexion des Geschehens ist ein zweiter Versuch erfahrungsgemäß meist aussichtslos. Aber wenn wir nichts wagen würden, wäre das Leben auch ärmer. Oder?

Zwischen kalkulierbarem Wagnis und totaler Blauäugigkeit gibt es natürlich jede Menge Spielraum. Aber in meinem Bekanntenkreis gibt es kaum jemand, der noch nicht sehenden Auges in eine dumme Situation hineingerutscht ist.

Jahrelang habe ich in Krisensituationen wiederholt eine bestimmte Taktik angewendet und mir gesagt: »Das mache ich alles mit mir selbst aus. Nach außen funktioniere ich weiterhin.«

Dieses Konstrukt hat sich logischerweise als nicht tragfähig erwiesen. Und ich frage mich rückblickend, wie es sein kann, dass man so lange braucht, um die eigenen Verhaltensmuster bewusst wahrzunehmen und dagegenzusteuern. Vom Verstand her wusste ich schon längst, was meine Schwächen sind, wann ich wirklich aufpassen musste.

Natürlich ist es wichtig, dass wir grundsätzlich den Blick auf das Positive richten und versuchen, nicht zu schnell aufzugeben.

Aber es ist ebenso wichtig, den Realitäten ins Auge zu sehen. Inzwischen ist die Botschaft tatsächlich angekommen, ich habe sie verinnerlicht: Einen Konflikt auszusitzen, macht keinen Sinn. Und stur im alten Muster weiterzuleben ebenfalls nicht.

Nicht, dass man alles, was schwer ist, von sich weisen sollte. Auch das wäre der falsche Weg:

Denn wir wachsen an den Widerständen, wir reifen in Zeiten der Krise. Gegenwind kann so hilfreich sein! Aber wenn das ganze Leben zur Dauerkrise wird, müssen wir darauf aufpassen, was wir uns selbst zumuten.

Mittlerweile spüre ich eine wachsende Vorsicht und Respekt davor, Neues auszuprobieren. Auch wenn es um körperliche Herausforderungen geht. Paragliding im Tandemsprung in den Schweizer Alpen? Ja, das war lange mein Wunsch, und ich hab mich überwunden. Bungee-Jumping von einer Hängebrücke direkt ins Tal? Nein, die Angst davor ist mir der Adrenalin-Kick nicht wert. Vor einigen Jahren noch hätte ich es sofort ausprobiert. Noch mal einen Segelschein machen und mit meinen Kindern übers Steinhuder Meer zischen? Auf jeden Fall. Aber beim Inline-Skating verzichte ich dankend, wissend, dass mein Körper nicht mehr 20 ist.

Es gab eine Zeit in meinem Leben, da ist irgendwie alles wie in einem Film an mir vorbeigelaufen. Und ich war nicht wirklich in der Lage, die Situation zum Positiven zu verändern. Mein damaliger Mann trat als Bundespräsident zurück, und ich stand regungslos daneben. Dass ich mich bemühte, Haltung zu bewahren, sahen diejenigen, die mich besser kannten. Andere haben mir später vorgeworfen, eiskalt nur auf mich selbst zu schauen. Dabei war das Gegenteil der Fall. Ich habe nach außen die Kühle, die Abgeklärte gespielt und so getan, als hätte ich alles im Griff – dabei war ich innerlich total zerrissen, traurig, wütend und verzweifelt.

Jahrelang hatte ich eingeübt, professionell zu agieren, was für mich damit einherging, den Umstehenden und den allgegenwärtigen Medienvertretern möglichst wenig Einblick in meine Gefühlswelt zu geben. Derart »funktionieren« zu müssen – das war irgendwann für mich keine Option mehr.

Permanente innere Konflikte bleiben nicht ohne Wirkung. In meinem Fall hat die gefühlte Zerrissenheit zwischen einem Nichtmehr und Noch-nicht, das ewige emotionale Hin und Her mindestens einmal dazu geführt, dass ich eine große Dummheit begangen habe.

So war auch die Entscheidung, mich nach der Rückkehr aus Berlin mit einer Art Rundumschlag in Form eines Buches gegen all die öffentlichen Bewertungen zu wehren, ein großer Fehler. Auch wenn ich heute noch nachvollziehen kann, welche verzweifelte Wut mich dazu gebracht hat, würde ich es gern ungeschehen machen. Letztlich hatte ich gehofft, dass die Veröffentlichung für mich vielleicht so etwas wie ein Ventil sein könnte – um alle Verleumdungen und Kränkungen zurückzuweisen. Manches klarzustellen und auszuräumen. Dann lief während des Entstehungsprozesses einiges aus dem Ruder: Zeitdruck, unklare Absprachen und das Gefühl, das Ganze irgendwie zu Ende bringen zu müssen, auch wenn ich längst spürte, dass es falsch war, führten mich an einen Punkt, an dem ich nicht mehr mit klarem Kopf agierte. Es war, so sehe ich es aus der Distanz, ein verzweifelter Versuch, meiner inneren Stimme endlich einmal Gehör zu verschaffen. Das ging – vorsichtig formuliert – komplett nach hinten los und machte das Ganze für mich noch schlimmer. Aus diesem Desaster habe ich gelernt.

Eine Zeit lang war mein Leben wie ein Märchen gewesen. Dann entwickelte es sich zunehmend zum Drama.

TAUSENDUNDEINE NACHT

BETTINA WULFF Als die Sonne unterging, leuchtete der gesamte Himmel in einem glutroten Orange. Dann wandelten sich die Farben und wichen einem kühlen Blau, bis die Nacht von einem zum anderen Moment tiefschwarz über der Wüste hereinbrach. Ein leichter Wind bauschte die Zeltbahnen. Diese Bilder haben sich tief in meine Erinnerung eingebrannt. So etwas hatte ich noch nie zuvor gesehen.

Nach einem traditionellen Abendessen samt wunderbarer Musik genossen Christian und ich inmitten der Wüste einen besonderen Moment absoluter Ruhe. In diesem Moment spürte ich einfach nur tiefe Dankbarkeit, so etwas erleben zu dürfen.

Tags zuvor hatten wir die Altstadt von Nizwa erlebt, waren mit Bewohnern der Hauptstadt Maskats in Kontakt gekommen. Gemeinsam mit der damaligen, in Berlin ansässigen Botschafterin des Sultanats waren wir über das Land geflogen. Sie erzählte uns über verschiedene Aktivitäten, einen möglichst sanften und nachhaltigen Tourismus und zeigte uns die vielfältigen Landschaften des Oman voller Begeisterung.

Seit gut eineinhalb Jahren war mein Mann nun Bundespräsident und hier mit mir in dienstlicher Mission unterwegs – zu

Staatsbesuchen bei verschiedenen arabischen Staaten: Katar, die Vereinigten Arabischen Emirate, Kuwait und eben Oman.

Zwei Tage wohnten wir dort im Gastflügel des Palastes, wohl als Zeichen besonderer Wertschätzung. Farbenprächtige Teppiche, in denen die Füße versanken, ein süßlich schwerer Duft, der die Räume durchzog, exotische Möbel, goldene Säbel an der Wand. Und überall Menschen, die danach schauten, was einem gerade hätte guttun können. Eine überwältigende Gastfreundschaft, die mir in besonderer Erinnerung bleibt.

Beim abendlichen Staatsbankett überbordende Tische – fast wie im Märchen. Das Essen kommt nicht Gang für Gang, sondern alles auf einmal. So ist es üblich, sagte man uns. Für mich war das alles schier unglaublich. Ich weiß noch, dass ich dachte: Kann mich mal jemand zwicken?

An jenem Abend trug ich ein mit Pailletten besticktes Kleid, wurde dafür von einigen Modemagazinen gefeiert und von anderen deutschen Journalisten massiv kritisiert: »Wie kann man nur!« Im Nachhinein weiß ich, es war zu golden, zu viel Geschiller für die Frau eines deutschen Bundespräsidenten. Und ich zu naiv bei der Wahl der Garderobe. Denn zu viel Glamour, das passt nicht zu dem Bild, das die meisten Deutschen von ihrem Bundespräsidenten haben.

Während unseres Staatsbesuchs in Katar wurde einmal eine schwarze Abaya, ein traditionelles islamisches Langkleid, in unser Zimmer gelegt. Es war die Voraussetzung für den Besuch einer besonderen Moschee. Die Abaya zu tragen, habe ich dann doch nach längerem Abwägen höflich abgelehnt. Für die Präsidentengattin eines westlichen und christlich geprägten Staates hätte es aus meiner Sicht nicht gepasst, so aufzutreten. Und natürlich haben wir dann auch auf den Besuch der Moschee verzichtet. Erst im Nachhinein habe ich realisiert, wie genau die Öffentlichkeit so etwas wahrgenommen hat. Für unsere Gastgeber wäre dies eine besondere Geste gewesen. Bei uns zu Hause hätten einige es vermutlich als Anbiederung oder als ein Verleumden der eigenen christlichen Identität aufgefasst.

HERAUSFORDERUNGEN

In manchen Ländern wird das Volk extrem unterdrückt. Das zu wissen und nicht viel tun zu können, machte mich oftmals betroffen und traurig. Der Bundespräsident kann seine persönliche Meinung kundtun. Erwünscht ist dies in der Regel nicht. Erst recht keine konkrete politische Einmischung – ausgenommen einige spezielle Befugnisse mit Blick auf eine kritische innerdeutsche, politische Lage.

So werden bei Staatsbesuchen des Bundespräsidenten oftmals Höflichkeiten ausgetauscht, man informiert sich wechselseitig über aktuelle Entwicklungen. Anderes, meist die kritischen Punkte, wird leider zu oft freundlich ausgeblendet.

Hierzu Position zu beziehen, ist Aufgabe der Bundeskanzlerin oder des Außenministers – nicht des Bundespräsidenten. Dies hat gute Gründe. Aber belastet hat es mich persönlich doch, wenn ich Missstände erkannte und dazu nichts sagen durfte.

Während unserer Reisen hat mich auch zuweilen mein schlechtes Gewissen umgetrieben, wenn ich sah, wie viel Aufwand betrieben wurde, um uns einen besonderen Tag zu gestalten. Traumhafte Staatsbankette in der Türkei oder Russland mit aufwendigstem Blumenschmuck und Orchestermusik. Natürlich war das sehr beeindruckend und als große Geste der Wertschätzung für unser Land gemeint. Dennoch fiel es mir schwer, nicht immer auch an diejenigen zu denken, die im Hintergrund hart dafür arbeiten mussten, damit wir es derart gut hatten. Häufig hatte ich den Wunsch, auch einmal ganz »gewöhnliche« Menschen zu treffen – das Hotel zu verlassen und mich umzuschauen. Einmal auszusteigen, durch die Stadt zu schlendern, mitzubekommen, wie es wirklich ist.

Natürlich war mir stets bewusst, dass wir unser Land repräsentierten, einen Dienst tun. Manchmal habe ich mich trotzdem gefragt, wie sinnhaft es ist, die Etikette derart hoch zu hängen, sodass der zwischenmenschliche Kontakt dadurch beschnitten wird.

Sicherlich wäre das Gespräch mit der Gattin des damaligen Staatspräsidenten Russlands entspannter abgelaufen, wenn wir uns auf einem Spaziergang durchs Grüne hätten unterhalten können statt unter den Augen zahlreicher Herrschaften aus der Protokoll-Abteilung im Damensalon des Kremls.

Und beim Besuch von Papst Benedikt im Schloss Bellevue im Jahr 2011 hätte ich ihn gerne nach seinen Gefühlen befragt, wie es ist, als Heiliger Vater zurück nach Deutschland zu kommen. Was er am meisten vermisst und was es mit einem Menschen macht, wenn er plötzlich als Vertreter Gottes auf Erden agieren soll. Doch mit Blick auf das »vatikanische Protokoll« erschien das alles mehr als unangemessen und distanzlos. Letztlich aber, da bin ich mir sicher, hätte ein öffentlicher Austausch zu menschlichen Grundfragen den Papst auch seinen Anhängern nähergebracht.

Dass es auch anders geht, wenn man die tradierten Vorgaben einmal beiseiteschiebt, konnten wir besonders bei unserem Besuch in den Niederlanden erleben. So erinnere ich mich sehr gut an die fröhliche, geradezu herzliche Stimmung bei der Namensgebung für eine Tulpensorte mit dem damaligen Kronprinzen Willem-Alexander auf dem Keukenhof. Wir flanierten gemeinsam mit anderen Besuchern der Ausstellung durch farbenprächtige Blumenlandschaften, unterhielten uns mit den Gärtnerinnen, und jede und jeder konnte unterdessen den Kronprinzen ansprechen. Diese Natürlichkeit und Nahbarkeit machte es auch mir einfach, einen unverkrampften Kontakt zu Willem-Alexander aufzubauen – die Grundlage für ein offenes Gespräch.

BESCHÜTZT WERDEN

Sicherheitsaspekte sind natürlich immer ein limitierender Faktor. Damals im Oman lebten wir, weil man uns schützen wollte, zeitweise wie in einem goldenen Käfig. Ängstlich, dass dem deutschen Staatsoberhaupt und seiner Frau etwas passieren könnte, hatte das einheimische Militär unser Lager in der Wüste und natürlich auch den Palast des Sultans permanent ringsum bewacht.

Beschützt werden – lange Zeit war dies Alltag für mich: Zu Hause in Berlin wurden die Kinder sowohl zum Kindergarten als auch zur Schule von Sicherheitsbeamten begleitet und von dort wieder abgeholt. Unsere Jungs kannten die Beamten überwiegend bereits aus der Ministerpräsidenten-Zeit in Niedersachsen. Die beiden sind mit den Personenschützern mehr oder weniger aufgewachsen.

Irgendwie gehörte das Sicherheitspersonal fast schon zur erweiterten Familie, denn sie begleiteten uns nahezu überall hin – ob in den Urlaub, zum Einkaufen oder ins Krankenhaus. So ungewohnt es am Anfang für mich war, stets Menschen um uns herum zu haben, so schnell bildete sich im Laufe der Jahre ein fast freundschaftliches Vertrauensverhältnis. Ich wusste: Diese Beamten kennen uns und unsere Gewohnheiten in- und auswendig, bringen großen Einsatz und sind absolut loyal. Stets halten sie sich im Hintergrund, müssen höchst wachsam sein, um im Notfall einzugreifen – wissend, dass sie sich damit vermutlich auch selbst in Gefahr bringen. Ich habe höchsten Respekt vor diesen Menschen und ihrer Einstellung zu ihrem Beruf.

Sich andauernd beobachtet zu fühlen ist aber auch anstrengend. Manchmal konnte man das Ganze ausblenden, an anderen Tagen war es eine echte Belastung. Und es ist ein Stück weit bizarr, wenn man weiß, dass eine Armada von Sicherheitsbeamten keine fünf Meter von einem entfernt vor der Zimmertür im Hotel Wache hält, während man schläft.

Wenn es mir zuweilen zu viel wurde, wenn ich gerne einfach mal für mich allein durch den Park gejoggt wäre oder spontan Lust zu etwas hatte, was einfach nicht zu realisieren war, habe ich mich damit getröstet, dass das eine nicht ohne das andere möglich war. Im Rampenlicht zu stehen und gleichzeitig privat völlige Freiheit zu haben, das ging schlicht nicht. Bei Besuchen ausländischer Staatsgäste konnte ich durchaus noch eine Steigerung erleben, als ich bemerkte, in welchem Grad manche Menschen abgeschirmt wurden. So wird die Frau des amerikanischen Präsidenten beispielsweise auch bis zur Toilettentür von einer Beamtin begleitet …

WAS WÄRE, WENN …?

Wenn immer wieder von einer »Bedrohungslage« die Rede ist, wird man unsicher. Ich entwickelte im Laufe der Zeit automatisch eine gewisse »Habachtstimmung«, schaute mich instinktiv um, ob von irgendwoher Gefahr drohte, wenn wir einen Raum betraten, durch eine Menschenansammlung gingen oder versuchten im Urlaub an Bord eines Schiffes auszuspannen. Auch wenn ich wusste, dass für uns gut gesorgt wurde, dass viele für unsere persönliche Sicherheit sorgten, blieb eine innere Anspannung. Ein »Was wäre, wenn«-Szenario, das unbewusst vor dem geistigen Auge ablief, sobald etwas Unerwartetes eintrat. »Was wäre, wenn …« das jetzt kein Zufall ist, dass uns da einer so schnell mit dem Fahrrad entgegenkommt? »Was wäre, wenn …« die junge Dame neben uns nicht nur ein Autogramm haben oder ein Selfie mit uns machen möchte …? Irgendwann sieht jeder weiße Mäuse, wenn nur oft genug von etwas die Rede ist.

Jede Menge Reisen in ferne Länder. Ehrengast sein, alles gezeigt bekommen. Bevorzugt behandelt werden. Dies alles klingt schick und verlockend. Und ja, es war oft auch schick und verlockend. Aber Freiräume gab es während unserer Reisen recht wenig. Für meinen Mann als Bundespräsident sowieso. Und ich war die Frau an seiner Seite, der man etwas bieten wollte. Die Besuche waren stets so geplant, dass der Bundespräsident das Maximum an Begegnungen, Gesprächen und Besichtigungen wahrnehmen konnte. Wenn er offizielle Termine hatte, absolvierte ich derweil mit der Ehefrau des jeweiligen Gastgebers ein intensives Begleitprogramm. Früher nannte man das »Damenprogramm«, mittlerweile war ein neuer Name gefunden, der moderner klang: Die »Partnerprogramme« orientierten sich an den Themenwünschen der Gastgeberin und an meinen Vorstellungen mit Blick auf Schirmherrschaften und Projekte, die mir am Herzen lagen. Im Vorfeld wurde dies über die offiziellen Büros abgestimmt, um die Besuche entsprechend im Detail vorbereiten zu können. Vieles ließ sich leider nicht realisieren, meist aus Sicherheitsgründen. Ein Basar-Besuch in einer orientalischen Stadt – ausgeschlossen. Bauwerke mussten für unseren Besuch abgeriegelt werden. Zu gefährlich, sie mit einer Masse anderer Gäste zusammen zu betreten. Ebenso der Strandbesuch.

Vor jeder Reise wurde ich gründlich über die anstehenden Termine und Begegnungen informiert, alle Szenarien wurden durchgesprochen. Eine aufwendige Detailarbeit für die Referenten aus den unterschiedlichen Ressorts im Bundespräsidialamt.

All das war nett gemeint, die Programme kreativ und vielfältig. Ich habe unglaublich viel gesehen und erlebt. Aber die Erlebnisdichte war dermaßen hoch, dass ich gar nicht alles verarbeiten konnte. Ob der Fülle der Ereignisse vermischte sich einiges in der Erinnerung: »Wo waren wir noch mal, nachdem wir nach … gefahren sind?« Haben wir das wirklich gesehen, oder habe ich noch die Ankündigung im Kopf? Manchmal kommen mir noch heute, Jahre später, Begegnungen und Orte ins Bewusstsein, die ich irgendwie gar nicht mehr auf meinem inneren Radar hatte.

Wenn ich heute auf die Website des Bundespräsidenten gehe und mir unsere damaligen Terminpläne mit den Berichten ansehe, erscheint mir vieles wie durch einen Nebel. Dann denke ich an das Lied von Johannes Oerding, wenn er singt: »Wir haben viel erlebt, 'ne Geschichte, die uns ewig bleibt. Und haben viel gesehen, dass es glatt für hundert Leben reicht.«

WAS KOMMT NACH DEM »GANZ OBEN«-SEIN?

Die Bilder, die wir in uns tragen, gaukeln uns oft vor, dass es auf dem Gipfel viel schöner ist als zwei oder zehn Meter darunter. Das ist es nicht.

Und ja – wenn man ganz oben angekommen ist, kommt immer auch irgendwann der Abstieg. Allein das Wort macht deutlich: Es geht dabei um Verlusterfahrungen. Dieses Gefühl schwang durchaus bei mir mit, als klar wurde, dass die Zeit in Berlin endet. Einerseits war ich irgendwie auch froh, dass nach all den Tiefschlägen und Querelen nun etwas Neues kommen würde. Aber was genau, das blieb diffus. Erkenntnis Nummer eins: »Ehefrau des Ex-Bundespräsidenten« – das war für mich mit Ende 30 keine tragfähige Perspektive für die nächsten Jahre, selbst wenn finanziell für einen gesorgt wird. Und ich ahnte auch schon, dass meine Partnerschaft nach all dem so nicht weitergehen konnte.

Erkenntnis Nummer zwei: Nach dem First-Lady-Sein gibt es keinen weiteren Aufstieg. Egal was nun kommt – es wird deutlich anders werden.

Auf einmal endeten die detailliert geplanten Reisen, die Bankette und Empfänge. Die repräsentativen Verpflichtungen. Der Glamour, das Umsorgtwerden. Was nicht endete, war die öffentliche Aufmerksamkeit. Viele fragten sich: »Was wird das Ehepaar Wulff nun machen? Werden die beiden sich nach Großburgwedel in ihr Klinkerhaus zurückziehen?«

Ich hatte mir vorgestellt, dass ich irgendwann wieder in meinem früheren Beruf arbeiten könnte.

Dann merkte ich bald: Es wird schwer für mich werden. Die Hemmschwelle, mich als ganz normale Arbeitnehmerin ins Haus zu holen, stellte sich als ziemlich hoch heraus. Deshalb habe ich mich dann mit einer »Ein-Frau-Kommunikationsagentur« selbstständig gemacht und einige großartige Projekte und Firmen beraten. Unter anderem ein weltweit führendes Pro- und Orthesenunternehmen, dessen Aktivitäten ich anlässlich der Paralympics in London begleiten durfte. Das war ein sinnstiftendes, sehr eindrückliches Erleben.

Wenn ich heute auf diese bewegte Lebensphase und die verschiedenen Treffen mit Staatsoberhäuptern, charismatischen Persönlichkeiten, engagierten Bürgern, faszinierenden Wissenschaftlern und tollen Künstlern zurückschaue, überwiegt große Dankbarkeit. Auch dafür, dass ich derart unterschiedliche Kulturen und Menschen in relativ kurzer Zeit kennenlernen durfte. Und das will ich auch zukünftig sein: dankbar und demütig für ein Leben.

AUF DEN ZWEITEN BLICK

HEINO MASEMANN Lächeln tut gut. Es beeinflusst unsere Gefühle positiv, das ist psychologisch erwiesen. Denn Körper und Gedanken sind eine Einheit. Wer lächelt, fühlt sich glücklicher.

Ich habe das einmal spaßeshalber mit meinen drei Töchtern ausprobiert: einfach den Mund zu einem breiten Lächeln formen – und schon werden Glückshormone ausgeschüttet. Das funktioniert wirklich! Du fühlst dich nach kurzer Zeit jedenfalls besser als zuvor. Meine Töchter haben das bestätigt.

Ein Bekannter von mir hat einen Spiegel an seinem Telefonapparat befestigt, auf dem steht: »Lächle, dein Partner kann es sehen!« Und auch das stimmt: Wenn ich lächle, dann tut es auch anderen Menschen gut. Das merkt man selbst durch das Telefon hindurch.

Aber ein aufgesetztes Lächeln kann auch sehr schnell zur Maske werden, die das eigene Leben zur Farce macht. Dann nämlich, wenn du anderen und dir etwas vorgaukelst, was in Wirklichkeit nicht ist. Und die Versuchung dazu ist groß. So groß, dass wir es manchmal selbst nicht merken, dass unser Lächeln nur eine Maske ist. Es entspricht vielleicht den Erwartungen der anderen, die sich wünschen, dass »alles gut« ist – aber es ist nicht authentisch. Wir setzen uns in Szene, präsentieren uns als glücklichen Menschen. Vielleicht als fürsorglichen Sohn, als liebenden Ehemann, als treu sorgenden Vater oder als perfekte Begleitung, wenn ein wichtiger Auftritt ansteht. Oder als Christ, der über jeden Zweifel erhaben ist.

Die Aufzählung ließe sich beliebig fortsetzen. Aber wenn ich mich inszeniere, bin ich immer nur vordergründig anwesend; denn die Person, die ich in diesem Moment darstelle, bin ich ja eigentlich gar nicht.

Wer von uns ist schon »Mr Right«? Den gibt es doch, genauso wie »Mrs Right«, eigentlich nur in amerikanischen Liebesschnulzen und nicht in Wirklichkeit. Immer schön, immer dankbar, immer gut gelaunt, immer zufrieden, immer hoffnungsvoll, immer zweifellos, immer glücklich zu sein – das sind Trugbilder, denen ich zwar nachjagen kann, die ich aber nie wirklich einholen werde. Und dieses Hinterherlaufen kostet mich derart viel Energie, dass ich aufpassen muss, damit ich dabei nicht ausbrenne.

EINFACH SEIN, WIE ICH WIRKLICH BIN

Mir wird mit jedem Jahr meines Lebens klarer: Ich muss keine Rolle spielen, ich brauche keine Maske – denn Gott hat uns Menschen ein Gesicht geschenkt. Und weil dies und ich selbst einzigartig sind, darf ich beglückt strahlen und in anderen Momenten nachdenklich blicken. Und wenn der Schmerz meines Lebens übermächtig wird, kann ich ruhig traurig sein oder sogar wütend. Gott sieht mich so an, wie ich bin, auch mit meinen Tränen, meinem Schmerz oder meiner Scham. Er wendet seinen liebevollen Blick nicht von mir. Ich darf echt sein. Das steht schon so in der Bibel. Der uralte Text aus dem 139. Psalm der Bibel berührt mich, gerade dann, wenn mir das Lächeln vergeht, immer wieder neu:

Gott, du erforschest mich
und kennest mich.
Ich sitze oder stehe auf, so weißt du es;
du verstehst meine Gedanken von ferne.
Ich gehe oder liege, so bist du um mich
und siehst alle meine Wege.
Denn siehe, es ist kein Wort auf meiner Zunge,
das du, Gott, nicht schon wüsstest.
Von allen Seiten umgibst du mich
und hältst deine Hand über mir.

Dieser Gott neigt sich mir in Jesus mit seiner Liebe zu und ermutigt mich, alle Masken abzulegen. Das gehört zum Geheimnis dieses Mannes aus Nazareth. Sooft Menschen Jesus begegneten, machte er ihnen Mut, alle Masken fallen zu lassen und ganz sie selbst zu sein. Demjenigen, der von einer Krankheit entstellt war, schenkte Jesus seine Zuwendung. Den Gelähmten stellte er auf die Beine. Dem Blinden gab er das Augenlicht zurück, indem er in ihm den sah, der er wirklich war. Den Besessenen befreite er von seinen seelischen Verstrickungen. Dem Stummen gab er seine Stimme zurück. Dem Tauben öffnete er die Ohren. Der Ehebrecherin schenkte er ihre Würde zurück. Dem Betrüger vergab er seine Schuld. Dem zweifelnden Petrus streckte er die Hand entgegen. Und noch im Sterben bat Jesus für die, die ihn verspotteten und peinigten: »Vater, vergib ihnen!«

Jedes Mal, wenn ich mir das alles vor Augen führe, zaubert es mir wieder ein Lächeln auf die Lippen. Ein erlöstes Lächeln! Denn ich weiß: Gott blickt hinter jede meiner Masken. Aber anders als viele Menschen erwartet er nie, dass ich gute Miene zum bösen Spiel mache. Ihm kann ich unverstellt begegnen. Bei ihm darf ich ganz der sein, der ich bin.

WANN WIRD ES WIRKLICH BESSER?

BETTINA WULFF Vielleicht kennen Sie das? Sie stehen inmitten einer Menschenmenge und denken: Irgendwie bin ich hier falsch. Das ist nicht die Veranstaltung, die ich wirklich besuchen wollte, der Ort, an dem ich sein möchte. Ich fühle mich einfach nicht wohl. Die Menschen um mich herum unterhalten sich, aber ich spreche eine andere Sprache. Damit meine ich nicht, dass wir aus unterschiedlichen Ländern kämen und deshalb Verständigungsprobleme hätten. Wir beherrschen durchaus das gleiche Vokabular, aber wir reden dennoch aneinander vorbei, verstehen einander nicht.

Als Metzgermeister auf einer Tagung des Veganer-Verbandes, als notorischer Nicht-Tänzer auf einem Abendball, als Nordlicht auf einer Karnevalsparty im Rheinland – da kann man erleben, wie es ist, sich anders zu fühlen.

Eine Zeit lang war es für mich total spannend und aufregend, bei großen gesellschaftlichen Ereignissen mit dabei zu sein. Es war sicherlich zunächst der Reiz des Neuen. Und dann gab es wirklich in mir den Wunsch, aus Dankbarkeit etwas zurückgeben zu wollen. Dankbarkeit für die Möglichkeiten, an der Seite des Bundespräsidenten vor allem soziale Themen unterstützen zu können. Dankbarkeit für die Chancen, die mit einem solchen Amt verbunden sind. Dankbarkeit für einen wunderbaren Aufstieg – von der PR-Frau zur Präsidentengattin. Aber irgendwann begann das Ganze ab einem bestimmten Zeitpunkt für mich innerlich zu kippen. Es war kein konkretes Ereignis, das den Sinneswandel auslöste, sondern ein längerer Prozess. Ein Zustand, der sich zunehmend verfestigte. Ein Spannungsbogen, der nicht länger zu halten war. Eine Kaskade von kleinen und großen Zumutungen.

Das normale Programm eines Spitzenpolitikers ist aus meiner Sicht auf Dauer mörderisch. Und je höher das Amt, desto größer die Anforderungen. Von früh bis spät stehen Termine an. Eine Veranstaltung jagt die nächste, der Kalender ist nahezu vollständig verplant. Jede Lücke wird genutzt, um noch etwas dazwischenzuschieben. Immer wieder neue Themen, neue Menschen. Reden halten, Hände schütteln, ein Bad in der Menge nehmen. Lächeln. Einen guten Eindruck hinterlassen. Erwartungen erfüllen. Kurz vor Veranstaltungsbeginn wird man durch einen separaten Eingang in einen Saal hineingeschleust, in der ersten Reihe oder auf der Bühne sind Plätze reserviert. Am Ende geht es schnell wieder zum Wagen oder zum Flugzeug. Und weiter …

Spät in der Nacht irgendwo ankommen, in ein Hotel gebracht werden – oder nach Hause.

Ein paar Stunden Schlaf, letztlich auf Dauer zu wenig.

Natürlich ahnte ich, auf was ich mich einlasse, als ich einen Spitzenpolitiker heiratete. Aber die gesamte Dimension eines solchen Lebens war mir vorher nicht klar. Mit jemandem zusammenzuleben, der so etwas wie Freizeit nur ansatzweise kennt, weil auch die vermeintlich freien Stunden oftmals mit Begegnungen gefüllt sind, die einen bestimmten Zweck haben – das wurde für mich zu einer riesigen Herausforderung.

AUFGEBEN IST NICHT!

Ich bin absolut loyal und ein Beziehungsmensch. Wenn ich einmal Vertrauen gefasst habe, fühle ich mich für den anderen mitverantwortlich. Es ist mir wichtig, in einer Beziehung Verbindlichkeit zu leben. Dass es dabei auch durchaus Durststrecken gibt, die es auszuhalten gilt, ist jedem klar.

Ich habe vertraut und durchgehalten, mich angepasst und meine eigenen Bedürfnisse zurückgesteckt. Eine Weile lang ging das gut. Längere Zeit hatte ich die Hoffnung, dass es irgendwann sicher wieder anders werden würde und wir endlich mehr Zeit füreinander haben könnten. Aber es wurde nicht besser. Und nun merkte ich, dass ich nach und nach an meine Grenzen kam.

Aus der Ernüchterung wuchs Enttäuschung. Über die gesamte Situation, ein Leben voller äußerer und innerer Zwänge. Auch über mich selbst, dem gesetzten Rahmen nicht mehr entsprechen zu können. Irgendwann stand für mich fest: So konnte und wollte ich auf Dauer nicht leben. Dazu kam das ungute Gefühl: »Ich kann es niemandem erzählen, wie ich mich gerade fühle.«

Dem Partner nicht, den Freunden nicht und der Familie sowieso nicht. Diese Spannung auszuhalten und dennoch zu »funktionieren«, war für mich sehr schwer.

Trotz aller Fragen, trotz aller Bedenken hatte ich nach wie vor die Hoffnung: Das muss doch irgendwie hinzubekommen sein! Aufgeben ist nicht! Denn eigentlich bin ich eine von Grund auf positive Natur, dazu sehr zäh und hart mit mir selbst. Eine Träumerin, eine Hoffende, eine Liebende und eine Vertrauende. Das Nüchterne, das so viele als »kalt« empfinden, habe ich mir antrainiert – und sicherlich hat es auch mit meiner Erziehung zu tun. Glücklicherweise bin ich bis heute darüber nicht zur verbitterten Zynikerin geworden.

Jeder Bogen ist irgendwann überspannt, dann ist der Bruch nicht mehr aufzuhalten. Die vielen Konflikte hatten Spuren hinterlassen. Die Trennung im Januar 2013 war aus meiner Sicht letztlich unausweichlich.

Knapp zwei Jahre später haben wir es gewagt, mit Blick auf unsere Beziehung einen zweiten Anlauf zu nehmen. Anfangs fühlte es sich für mich richtig und gut an. Wieder galt das Prinzip Hoffnung, in vollster Überzeugung. Aber es ging wieder schief – ich merkte irgendwann: Es passte einfach nicht. Und die Frage: »Bin ich hier überhaupt am richtigen Platz?«, nahm zunehmend Raum ein. Mir wurde klar: Der Preis ist zu hoch für mich. Ich müsste meine immer stärker werdenden Bedenken weiter aufgeben, wenn ich das Leben dauerhaft so weiterführen würde.

Als ich mit meinem damaligen Mann bei einer Wirtschaftsveranstaltung in der Schweiz war, auf der er eine Rede hielt, überkam mich ein schmerzvoller Gedanke: Wie gerne wäre ich jetzt mit meinen Kindern im Garten! Zu Hause, einfach geborgen. Die Sehnsucht danach war kaum auszuhalten. Ich fühlte mich wie abgekapselt von meiner Basis, meinem Zuhause, meiner Familie. Wie eine Astronautin, der die Versorgungsleitung gekappt wurde, sodass sie nun haltlos im Weltall umherschlingert. Dieses einschneidende Erlebnis hat mich eine ganze Weile beschäftigt.

»Es gibt kein richtiges Leben im falschen« las ich einmal auf einer Spruchkarte. Und ja, so war es auch für mich.

Schließlich habe ich erneut die Notbremse gezogen und mich getrennt. Ich hätte es nicht überlebt, einfach weiterzumachen – im wahrsten Sinne des Wortes. So habe ich alle Sicherheiten aufgegeben und eine Entscheidung getroffen, auch wenn ich wusste, dass es kompliziert wird. Und mit der Vorahnung, dass wieder halb Deutschland medial dabei zuschaut, wenn wir uns trennen.

UNSERE ZEIT IST ENDLICH – GUT, SICH DAS IMMER WIEDER KLARZUMACHEN

Im Büro von Heino Masemann hängt ein Maßband. Ursprünglich war es 1 Meter lang, aber er hat es direkt um 20 Zentimeter gekappt, als er es an der Wand befestigte. Am Jahresende nimmt er eine Schere und schneidet einen weiteren Zentimeter ab. Dies erinnert ihn daran, dass die verbleibende Lebenszeit jedes Jahr ein wenig kürzer wird. Mittlerweile hat er mehr als die Hälfte abgeschnitten, die durchschnittliche Lebenserwartung deutscher Männer seines Alters beläuft sich auf rund 80 Jahre. Und Heino ist Mitte 50.

Wenn ich in seinem Büro sitze, starre ich öfters auf diesen kontinuierlich kürzer werdenden Streifen. Dann halte ich kurz inne und schwanke innerlich ein wenig zwischen der Erkenntnis, dass jeder Tag ein Geschenk ist, das wir in Dankbarkeit feiern sollten – und der Wahrnehmung, dass unser Leben auch jederzeit vorzeitig enden könnte.

Die Stunden, die Tage, die Monate, die Jahre vergehen. Was haben wir daraus gemacht? Wie viel Zeit bleibt mir noch? Werde ich meine Kinder als Erwachsene erleben, vielleicht Großmutter werden oder sogar Urgroßmutter? Ich bin entschieden: will die mir verbleibende Zeit gut nutzen, sie sinnhaft füllen. Auf jeden Fall will ich sie nicht im Bewusstsein eines verbissenen »geht schon« verstreichen lassen.

DAS DARF KEINER ERFAHREN

HEINO MASEMANN Das oscarprämierte Drama *Philadelphia* hat mich berührt, als ich den Film vor mehr als zwei Jahrzehnten zum ersten Mal im Kino sah. Sehr anschaulich wird gezeigt, wie es sein kann, wenn das Innerste eines Menschen, seine Gedanken und seine Gefühle offenbar werden. Tom Hanks spielt einen angesehenen Anwalt, dessen Geheimnis keiner erfahren darf: Er ist homosexuell veranlagt und an Aids erkrankt. Beides galt in den 90er-Jahren als Schande. Und so wenden sich manche Menschen vom Betroffenen ab, andere werden aggressiv, beschimpfen ihn oder greifen ihn sogar an.

Wenn das Bild zerbricht, das wir uns von jemand gemacht haben, wenn die Masken fallen und die Wahrheit ans Licht kommt, dann verunsichert uns dies zutiefst. Da wird plötzlich einer bloßgestellt. Und wir sind so enttäuscht, dass alle Schranken fallen und wir unseren Emotionen, der Enttäuschung oder der Wut freien Lauf lassen. So geschieht es auch im Film *Philadelphia*.

Nicht alles, was jemand gedacht, gefühlt, gesagt oder getan hat, ist für fremde Augen und Ohren bestimmt. Und auch manches, was uns selbst widerfahren ist, darf niemand wissen. Es wäre unendlich peinlich, total beschämend. Wenn es jemand wüsste, wenn es sich herumspräche, wäre mein Ansehen vermutlich dahin. Darum neige ich dazu, mein Herz, mein Innerstes zu verschließen. Aber es ist ein elendes Gefühl, wenn ich derart belastet durchs Leben gehe und weiß: Ich kann niemandem erzählen, wie es mir wirklich geht. Wenn ich auch nicht sagen kann, warum ich mich so seltsam verhalte. Weshalb ich mich fürchte, anderen gegenüber offen zu sein, und dazu neige, nichts, aber auch gar nichts Persönliches preiszugeben.

Diesen Zwiespalt kenne ich aus zahlreichen seelsorgerlichen Begegnungen und auch von mir selbst. Viele sagen: »Ich hätte ›Nein‹ sagen sollen, aber ich habe ›Ja‹ gesagt.« Oder: »Ich hätte gehen sollen, aber ich bin geblieben«; »Ich wollte meine Meinung sagen, aber ich konnte nicht.«

Eine Frau, beruflich erfolgreich, erzählt mir zunächst, dass sie glücklich verheiratet und Mutter von drei Töchtern ist. Aber ich spüre, dass sie noch etwas auf dem Herzen hat, und frage behutsam nach. Da kommen ihr die Tränen, als sie davon berichtet, wie sie als zwölfjähriges Mädchen von einem älteren Jungen aus der Nachbarschaft missbraucht wurde. Sie fühlte sich schmutzig, war total verzweifelt und vertraute ihrer Mutter an, was geschehen war. Diese schaute sie kurz an und sagte: »Über so etwas spricht man nicht.« Dann wandte ihre Mutter sich wieder den Vorbereitungen für das Abendessen zu. Bis heute hat diese Frau ihr Erlebnis nie wieder jemandem erzählt, auch ihrem Ehemann nicht. Aber es lässt sie auch nicht mehr los.

Ein Mann, Ende 40, erfolgreicher Manager in einem großen Unternehmen, sitzt mir gegenüber und spricht so leise, dass ich ihn kaum verstehen kann: »Sieben Jahre war ich alt damals. Meine

Mutter und ich verbrachten den Abend allein zu Hause. Meinen Vater hatte ich schon seit einigen Tagen nicht mehr gesehen. Er war beruflich viel unterwegs und übernachtete häufig woanders. Nach dem Abendbrot sagte meine Mutter, sie müsse noch einmal weg. Ich solle schlafen gehen, es würde später werden.

Mitten in der Nacht wurde ich vom Klingeln an der Wohnungstür aus dem Schlaf gerissen. Ich stand auf und suchte zuerst meine Mutter. Aber sie war nicht da. Also ging ich zur Tür und öffnete sie vorsichtig einen Spaltbreit: Da standen zwei Polizeibeamte. Sie nahmen mich an die Hand, klingelten dann bei der Nachbarin. Ob ich diese Nacht bei ihr bleiben könnte, hörte ich einen der Beamten fragen. Und so kam es, dass ich im Schlafanzug die Wohnung wechselte.

Am nächsten Morgen hörte ich, dass meine Mutter sich das Leben genommen hatte. Aus Kummer über ihre Ehe, wie ich später erfuhr. Ich wuchs bei meiner Tante auf. Und war bis zu meinem 15. Lebensjahr Bettnässer.«

Beide hatten ihr Geheimnis gut gehütet. Jetzt war es für sie an der Zeit, darüber das erste Mal zu sprechen. Und ich merkte, wie erleichtert sie darüber waren, sich jemandem anvertrauen und das so lange Unausgesprochene endlich ein Stück weit loslassen zu können.

Warum hatten sie so lange geschwiegen? Vielleicht aus Angst, andere zu enttäuschen. Ihr Gesicht zu verlieren. So blieb ein elendes Gefühl aus Scham und Fassungslosigkeit. Die Seele war wund.

Wir wissen schon früh, was von uns erwartet wird. Als kleiner Junge, als junges Mädchen beobachten wir ganz genau, was in unserem Umfeld vor sich geht. Wie über etwas gedacht, gesprochen oder gehandelt wird. »Das gehört sich so!«, sagen uns die Eltern. »Das erwarte ich von dir!«, sagen uns unsere Freunde und Lebenspartner. Und ich folge, soweit es geht, den Erwartungen. Ich »funktioniere«, halte mich an die Regeln, weil ich gelernt habe, dass es so vermeintlich am angenehmsten ist. Auf diese Weise gibt es keine Konflikte. Und ich will nicht nur keinen Ärger, ich will, dass mich andere loben, dass sie stolz auf mich sind und mich lieben – als Kind und später als Erwachsener.

Das Lob, der Stolz, die Liebe – sie beflügeln mich. Aber es bleibt auf Dauer kein wirklich gutes Gefühl, wenn ich mich immer wieder verbiege und gegen meine Gefühle handle, eine bestimmte Rolle spiele, um anderen zu gefallen. Denn es ist auf Dauer total anstrengend, weil ich mich permanent verstellen muss, um nicht aus der Rolle zu fallen.

Wenn die Gefühle mit dir durchgehen, dann zeigst du dein wahres Gesicht. Du bist wütend, weil es für dich einfach so nicht passt. Weil du den inneren Druck nicht mehr aushältst. Im Streit, im Wutausbruch suchen sich deine Enttäuschung und deine unterdrückte Leidenschaft ein Ventil.

Dann sagst du unüberlegt, aus einem Gefühl heraus Dinge, die unser Gegenüber nicht verstehen kann. »Du bist doch sonst ganz anders …«

Die meisten von uns sind geübt darin, bestimmte Gefühle und Erlebnisse zu unterdrücken. »Das macht man so«, klingt uns die innere Stimme im Ohr. Und dann lächeln wir, auch wenn uns eigentlich nicht danach zumute ist, machen »gute Miene zum bösen Spiel«, wie der Volksmund sagt. Wir heucheln Interesse, auch wenn uns das Thema überhaupt nicht interessiert. Beteiligen uns an Aktionen, die uns eigentlich zuwider sind – nur um niemanden zu enttäuschen. Außer uns selbst.

Denn meine Gefühle sind ja da, auch wenn ich sie nach außen hin verleugne. So kommt Druck auf den inneren Kessel. Eigentlich bin ich auf 180, aber ich lächle, als wäre alles in Ordnung. Und dann führt die kleinste Kleinigkeit zur Explosion der Gefühle. Die Umstehenden sind irritiert, wenn so etwas passiert. »Was ist denn bloß mit ihm los, er ist doch sonst nicht so …« Da irrt ihr alle. Ich bin so. Aber ich zeige es sonst nicht. Ich hasse stundenlange Einkaufsbummel, ich mag es nicht, meine Lebenszeit auf Veranstaltungen zuzubringen, die nur dazu dienen, »zu sehen und gesehen zu werden«. Ich mache das nur euch zuliebe.

Klar, du musst dich immer arrangieren. Und es gibt nicht jeden Tag dein Lieblingsessen. Zu denken, alles geht nach deinem Geschmack und läuft genau so, wie du es dir vorstellst – das ist eine Illusion. Und es wäre total egoistisch, so zu leben. Aber umgekehrt ist es eine Voll-Katastrophe: den anderen eine Vorstellung von dir zu geben und nur im Zorn aus der Rolle fallen. Weil du eine Rolle ausfülltest, die nicht zu dir passt. Weil du nicht sagen konntest, was du fühlst und denkst. Weil es in dir weint.

Als Kind kann ich in Traumwelten fliehen, in denen ich frei bin. Ich kann wie besessen Abenteuergeschichten lesen. Von starken Kindern, die tun, was sie fühlen, und für ihre eigenen Ziele kämpfen. Ich kann mir vorstellen, ich schwimme wie ein Delfin durchs Meer, immer weiter weg. Und ich tauche ab, wann immer ich es will.

Jeder von uns lebt nicht nur in der Außenwelt, die uns umgibt. Du lebst auch mit der Welt, die in dir existiert: Sehnsüchte,

Träume, Stimmungen, Bilder. Unsere Seele ist wie eine große Scheune, in die wir seit Jahren täglich neue Eindrücke und Erinnerungen bringen. Manches wird dort von uns nur missmutig abgekippt, sammelt sich als zähe Masse an Enttäuschungen, sozusagen als Bodensatz des Lebens. Alles aber, was wir in uns tragen, kann uns irgendwann mehr bestimmen, als es uns lieb ist. Das ist dann der Fall, wenn sich über unsere Seele der Grauschleier der Melancholie oder der depressiven Stimmung legt.

AUF DAUER GEHT DAS NICHT GUT ...

Es gibt Räume in unserem Inneren, in denen weint es. Wenn Trauer, Bitterkeit oder Verzweiflung die Überhand gewinnen. Da sind schmerzhafte Erinnerungen an Menschen, die mich verletzt, die mir Unrecht oder Leid zugefügt haben. Gedanken an diejenigen, an denen ich selbst schuldig geworden bin. In mir sind Erfahrungen, die wehtun, sobald ich daran denke. Wunde Punkte, an die ich möglichst nicht mehr rühren möchte. Du kannst versuchen, all das zu verleugnen oder zu verdrängen, aber das geht nur eine Weile gut, es hilft nicht wirklich. Wenn ich nicht authentisch lebe, dann deformiert das mein Leben. Und macht auf Dauer krank.

Ich muss mich mit diesen Räumen meiner Seele auseinandersetzen. Wenn ich dies nicht alleine schaffe, dann sollte ich mir unbedingt Hilfe suchen. Einen Seelsorger, eine Therapeutin, einen Arzt.

Da geht noch etwas! Es ist immer alles möglich, solange das Leben nicht zu Ende ist. Gott hat uns in diese Welt gesetzt, und er gibt uns die Freiheit, immer wieder neu zu beginnen – egal was passiert ist. Zumindest vor ihm, vor Gott, kann ich ehrlich sein, ohne Angst haben zu müssen, seine Zuneigung zu verlieren.

Darum ist ein Geheimnis, das ich vor anderen Menschen habe, im Gebet bei Gott gut aufgehoben. Jesus weiß übrigens, wie es sich anfühlt, wenn wir an unsere Grenzen kommen. An einer Stelle in der Bibel wird berichtet: Im Garten Gethsemane hat Jesus einsam und bitter geweint.

Niemand muss anderen Menschen alles von sich preisgeben. Jeder und jede hat das Recht, persönliche Geheimnisse zu haben. Geheimnisse, die ich aber mit Gott teilen kann, weil sie bei ihm, wie gesagt, gut aufgehoben sind. Vielleicht schreiben Sie sich das, was kein Mensch erfahren soll, in einem »Brief an Gott« von der Seele. Das ist sehr entlastend. Ich habe dies schon getan, dann den Brief in einen Umschlag gesteckt und im Garten verbrannt. Es war alles gesagt, Gott wusste darum, kein anderer sollte es lesen.

NICHT EINFACH WEITER

HEINO MASEMANN »Das darf doch nicht wahr sein! Gleich bin ich tot!« Mit lautem, erschreckendem Kratzen schrammt die Fahrerseite meines Autos an der Leitplanke entlang. Es klingt, als würde das gesamte Blech aufgerissen. Dann gelingt es mir, gegenzulenken und den Wagen auf die Fahrbahn zurückzubringen. Mit 180 Stundenkilometern war ich eben auf der Überholspur unterwegs, dann verlor ich die Kontrolle. Zum Glück ist nicht mehr passiert!

An der nächsten Abfahrt verlasse ich die Autobahn und halte am Rand der Landstraße an. Mir bricht der Schweiß aus, ich zittere am ganzen Körper. Ich steige aus dem Auto, atme tief ein und tief aus, gehe ein paar Meter und versuche zu rekonstruieren, was da eben gerade passierte. Es ist ein Samstag im Sommer, nachmittags gegen halb vier.

Nervenaufreibende Monate liegen hinter mir. Ich musste mich damit abfinden, dass die Liebe meines Lebens in Scherben zerbrochen war. Inzwischen hatte ich die Scheidung beantragt und war, um mich abzulenken, nach Hongkong geflogen, wo ich drei Wochen einen Freund besucht habe. Die erhoffte Erholung war leider ausgeblieben, das Kopfkarussell drehte sich weiter. Ich fühlte mich erschöpft.

Die letzte Nacht hatte ich wieder nur wenig geschlafen. Aber ich fuhr dennoch los. Heute stand der wöchentliche Besuch bei meiner Mutter auf dem Programm. Seit einigen Jahren lebte sie in einem Pflegeheim, 80 km entfernt. Seit dem Tod meines Vaters hatte sie nur noch mich. Inzwischen war sie stark dement, was die Besuche nicht leicht machte.

Während der Rückfahrt gingen mir die gesamte Situation, die heutige Begegnung und ein wirres Gespräch mit meiner Mutter immer wieder durch den Kopf. So wie in einer Endlosschleife. Ich war durcheinander, irgendwie hilflos und verzweifelt. Wie konnte ich all die Herausforderungen meistern, die vor mir lagen? Meine Arbeit brauchte eigentlich meine volle Aufmerksamkeit. Dazu kamen die Sorge um meine Mutter, der Schmerz über die zerbrochene Beziehung, die Enttäuschung über mich selbst.

Das war mehr, als ich vertragen konnte. Ich gab Gas, als könnte ich so dem ganzen Schlamassel davonrasen. Und dann knallte es.

Gott sei Dank ist niemand bei diesem Unfall zu Schaden gekommen. Aber ich wusste, es musste sich etwas grundlegend ändern. Dieser Unfall war ein Fingerzeig. Einfach so weiter wie bisher – das ging nicht. Es war an der Zeit, all das, was in den letzten Monaten geschehen war, wirklich unter die Füße zu kriegen.

MEIN PLATZ IM LEBEN

BETTINA WULFF *DER SPIEGEL* hat mich einmal die »Botschafterin der Orientierungslosen« genannt. Zuerst habe ich mich über die Formulierung geärgert. Dann musste ich lachen. Bin ich das wirklich? Die Protagonistin einer Generation, die nicht so recht weiß, wohin sie gehört und wohin sie gehen soll, gerade weil es so viele Möglichkeiten gibt, sich zu entfalten?

Bin ich das perfekte Aushängeschild, weil jeder mir bei der Suche nach Glück und Erfolg zusehen konnte? Identifizieren sich die Menschen mit mir, weil ich dabei kolossal scheiterte – oder weil sie meine Versuche, den richtigen Weg zu finden, irgendwie interessant fanden?

Vermutlich Ersteres. Das muss ich selbstkritisch feststellen. Und viele, die mich überhaupt nicht kennen, finden mich auch nicht sonderlich sympathisch, weil ich anscheinend immer wieder arrogant und überheblich gewirkt habe: die Nase hoch, den Mund eng zusammengekniffen. Ja, ich kann es nachvollziehen, dass Bilder von mir eine aufgesetzte, manche sagen sogar, arrogante Wirkung haben.

Dabei habe ich vor allem im Sinn gehabt, möglichst keine Emotionen zu zeigen und gelassen die Form zu wahren. So kann man sich irren und völlig danebenliegen.

Ich bin in der Gewissheit groß geworden, dass uns unzählige Türen und Optionen im Leben offenstehen. Anders als viele Generationen vor uns hatten meine Altersgenossen und ich die Wahl. Und so ist es bis heute geblieben! Es gab und gibt nicht nur 2 Alternativen, sondern mindestens 20, vielleicht sogar 200. Dabei ist klar, dass manches, was wir auswählen, auch nicht ewig hält. Wer geht heute noch bei der Firma in Rente, bei der er seine erste Stelle angetreten hat?

Häufig müssen neue Entscheidungen getroffen werden, immer in der Hoffnung, es mögen bloß die richtigen sein. All die Freiheit birgt auch eine Last. Die Wahl des richtigen Studienfaches oder die Entscheidung für einen Ausbildungsplatz hat auch mir und vielen anderen in meinem Umfeld während der letzten Schuljahre ziemlich zugesetzt. Welcher Weg versprach den größtmöglichen beruflichen Erfolg? Was würde mich ausfüllen, erfüllen, begeistern? Und was würde mir am Ende so viel Freude bereiten, dass ich Lust darauf hatte, jahrelang in diesem Bereich zu arbeiten? Unsere Generation jagt gerne von einem Erfolg zum anderen. Geht das überhaupt?

Im Wald der tausend Optionen fiel es mir jedenfalls sehr schwer, mich für einen Weg zu entscheiden. Sich dann später eingestehen zu müssen, doch falsch abgebogen zu sein, war die größte Herausforderung.

Natürlich geht es, wenn *DER SPIEGEL* von der Generation der Orientierungslosen spricht, nicht nur um das Thema Studien- und Berufswahl, sondern um viel mehr. Die 68er-Generation hat viele bis dahin geltende Werte auf den Prüfstand gestellt. Wir leben in einer pluralen Gesellschaft, in der sehr viel möglich ist. Die klassischen Rollenbilder haben sich gewandelt, Frauen und Kinder haben zum Glück mehr Rechte als in der Nachkriegszeit. Bis zur wirklichen Gleichberechtigung der Geschlechter gibt es aber immer noch einiges aus dem Weg zu räumen. Wir führen ein weitgehend selbstbestimmtes Leben – zumindest in den privilegierteren sozialen Schichten. Und wenn ich daran denke, dass die Generation meiner Großmütter noch ihre Männer um Erlaubnis fragen musste, wenn sie eine Arbeitsstelle annehmen wollte – ist das kaum zu glauben.

Auch die Kirchen haben ihre einstmalige Bedeutung als gesellschaftlich tragende Gemeinschaften verloren. Glauben und Religion werden als Privatangelegenheit angesehen.

Heute muss man sich eher dafür rechtfertigen, dass man noch sonntags in die Kirche geht – während es in den 50er- und 60er-Jahren umgekehrt war. In den letzten Jahren und mittlerweile Jahrzehnten besuchen immer weniger Menschen sonntags einen Gottesdienst. Und auch sonst scheint das Bewusstsein für solche jahrhundertealten Traditionen zu schwinden.

Dabei finde ich es wichtig, dass es den Sonntagsgottesdienst gibt, einen arbeitsfreien Tag, an dem wir aufatmen und ausruhen können. Einen Ort, an dem die Seele zur Ruhe kommt.

Entscheidender als ein regelmäßiger Gottesdienstbesuch sind für mich aber die Werte, die mit dem christlichen Glauben verbunden sind. Sie schwingen immer wieder in unseren gesellschaftlichen Diskursen mit – aber es ist längst nicht mehr selbstverständlich, sich bei seinen persönlichen Entscheidungen und in der politischen Debatte auf christliche Werte zu berufen.

Ich wünsche mir, dass wir es als Christen wagen, zu unseren Werten und Überzeugungen zu stehen. Und ich fände es gut, eine offenere, eine »down to earth«-Kirche mitgestalten zu können.

Als Christin, die an der Institution Kirche hängt, sind viele aktuelle Entwicklungen ein hartes Brot. Doch leider hat »meine« evangelische Amtskirche auch vieles dafür getan, dass ihr Ansehen und ihre Glaubwürdigkeit so derart schnell schwinden. Das konnte ich 2017 in der Funktion als Reformationsbotschafterin der EKD anlässlich des 500-jährigen Jubiläums hautnah erleben. Zum Beispiel beim Verteilen von »Luther-Brötchen« auf der Straße, wenn ich Menschen auf ihr Verhältnis zur Kirche ansprach und häufig Sätze wie die folgenden hörte: »Das, was die da sonntags von der Kanzel herunter erzählen, hat mit meinem Leben doch gar nichts zu tun.« Oder: »Warum muss eigentlich immer alles so ernst im Gottesdienst sein? Ist Lachen in der Kirche verboten?« Und immer wieder kam das Gespräch auch auf das Thema Kirchensteuer. Warum sie vom Staat eingezogen wird und nicht zweckgebunden und in freiwilliger Höhe bezahlt werden kann.

In einer Talkshow sagte ein Gast anlässlich einer Diskussion über das Jubiläum so in etwa: »Wir (Kirchenmenschen) sollten die Bevölkerung mit unserer Missioniererei verschonen und uns privat treffen.« So etwas bestürzt mich, denn unser Zusammenleben hier in Deutschland basiert auf christlichen Werten wie Nächstenliebe und Barmherzigkeit. Warum sollte dann nicht Raum dafür sein, dass sich Christen zu einem großen Treffen in Wittenberg, auf dem Evangelischen Kirchentag in Berlin und an anderen Orten versammeln?

Das Grundgesetz der Bundesrepublik ist von christlichen Werten bestimmt. Der Gedanke, dass jeder Mensch (vor Gott) gleich ist. Dass die Rechte des anderen um jeden Preis zu wahren sind. Dass wir füreinander eintreten – all das ist urchristliches Gedankengut. Es geht also nicht um irgendetwas Abstraktes, Frommes, sondern um die Fundamente unserer Gesellschaft.

Wir leben seit mehr als 70 Jahren in Freiheit und lassen uns nach den fürchterlichsten Geschehnissen zweier Weltkriege zum Glück nicht mehr von diktatorischen Obrigkeiten manipulieren. Aber unsere Demokratie ist auch immer wieder gefährdet. Wir müssen etwas dafür tun, dass sie bleibt: dem anderen Raum geben, offen miteinander reden, kritische Themen angemessen diskutieren. Dabei gilt es, auch unterschiedliche Meinungen auszuhalten. Und es braucht Respekt voreinander.

Den vermisse ich zuweilen, wenn es um christlich geprägte Positionen und die Rolle der Kirchen geht.

Was auch immer wir an Kritik gegen die Amtskirchen vorbringen können – eines steht fest: Es ist gut, wenn wir Halt und Orientierung im Leben haben.

WIE GEHT ES WEITER?

Zu Beginn dieses Buches habe ich von einem Ausflug in den Irrgarten erzählt. Dass wir erst im Nachhinein, als wir in der Mitte des Labyrinths angekommen waren, erkannt haben, wie einfach es eigentlich gewesen wäre, gleich den richtigen Weg zu nehmen.

Dabei ist ein Irrgarten noch eine relativ einfache Orientierungsaufgabe. Denken Sie an eine Situation, in der Sie sich in einem unbekannten Waldgebiet verlaufen haben. Kennen Sie solche Momente, in denen man plötzlich feststellt, dass man eigentlich keine Ahnung hat, wo man sich gerade befindet? Und dann auch noch das Handy überhaupt keinen Empfang hat. Wie weit mag es zurück bis zum Parkplatz sein – oder zumindest zum Hauptweg?

Wenn dann die Getränkevorräte zur Neige gehen, Hunger aufkommt und die Dämmerung hereinbricht, wird es mulmig. Wir beschleunigen die Schritte, hoffen auf einen Wegweiser und die rettende Erkenntnis, wie wir den richtigen Weg zurück finden können.

Orientierungslos zu sein. Das kann schlimm enden. Und es macht uns auf jeden Fall Angst. Und umso dankbarer sind wir, wenn wir plötzlich eine uns bekannte Wegstrecke wiedererkennen, ein Licht in der Dunkelheit, einen Punkt, an dem wir wieder wissen, wohin wir gehen sollen.

Welchen Rat kann ich anderen Suchenden geben? Nach meinen Erfahrungen vielleicht vor allem diesen: Ruhe bewahren. Keine Panik. Lass dir Zeit, versuche deinen Gefühlen auf die Spur zu kommen – und kläre, was sie dir sagen wollen.

Egal was passiert: Bleib dir treu. Bleib du selbst. Lass dich nicht von anderen manipulieren, benutzen oder vor den Karren spannen. Es ist dein Leben. Du entscheidest, ob du dich zukünftig nicht länger von deiner Angst leiten lassen willst. Dazu gehört Mut. Aber es gibt keine echte Alternative. Nicht zu entscheiden ist auch eine Entscheidung. In einigen Fällen kann so etwas übel enden.

Wegweiser waren für mich Gespräche mit meinem Partner, guten Freunden, engen Vertrauten – allen voran Heino Masemann. Aber es gibt noch viele andere Orientierungspunkte: Bücher und Zeitungsartikel, christliche Magazine, die ich lese und von denen einzelne Wörter oder Passagen in meinem Gedächtnis hängen bleiben. Sie fangen an, zu mir zu sprechen, weil sie die Antwort auf Fragen sind, die ich im Gebet und für mich ganz persönlich formuliert habe. Plötzlich »springt« mich ein Songtext an, ein Bibeltext, den ich schon einige Male gehört habe, bekommt plötzlich Relevanz für mich – ganz persönlich. Oder ich biege um die Straßenecke und treffe jemanden, mit dem ich ins Gespräch komme. Das können meine neuen Nachbarn sein, eine ehemalige Mitschülerin, die mittlerweile eine Einrichtung für Familien mit geistig schwerstbehinderten Kindern leitet, oder die ältere Dame neben mir auf dem Stepper im Fitnessstudio. Nichts ist geplant, aber die Begegnung bleibt nicht ohne Folgen, weil mir mein Gegenüber etwas mitgibt, was ich gerade gut gebrauchen kann: einen hilfreichen Satz, ein gutes Wort, eine fürsorgliche Umarmung, einen Denkanstoß. Mit offenen Augen durch die Welt zu gehen, lohnt sich. Achtsam zu sein, genau hinzuhören, sich auf den anderen, der mir etwas sagen will, einzulassen. Dazu braucht es vor allem eins: Zeit. Das Getriebensein, das wir fast alle kennen, es blockiert uns total in solchen Momenten.

Dem, der nach Orientierung sucht, bietet sich die Chance, Neues zu entdecken. An jeder Weggabelung können wir überlegen, welcher Weg für uns der richtige ist. Wir dürfen es ausprobieren! Einiges wird sich dann vielleicht als nicht tragfähig erweisen, als Umweg oder Irrweg. Anderes hingegen ist entscheidend.

Der Gedanke, sich in der Jugend für einen Weg, einen Beruf, einen Lebenspartner und bestenfalls einen Wohnort zu entscheiden, hatte in der Nachkriegsgeneration seinen Platz.

Sich etwas auf lange Sicht aufzubauen, um im Alter davon zehren zu können – das war für viele aus der Generation meiner Großeltern und Eltern ein großes Ziel; und für viele wurden solche Träume dann auch durchaus Realität. Derartige Beständigkeit ist wertvoll und gut, gerade in schwierigen Lebensphasen kann die Gewissheit, dass für das Wichtigste gesorgt ist, Halt geben und Trost schenken.

»Eines ist sicher – die Rente!« lautete ein Werbeslogan der Bundesregierung, als ich jung war. Dies erwies sich als falsch. Nichts ist mehr sicher. Die vermeintlich großartige Geldanlage erweist sich vielleicht doch als Flop, das gewählte Studienfach führt selbst bei erfolgreichem Abschluss nicht zu einer Festanstellung. Die nachrückende Generation wurde zuweilen als »Generation Praktikum« bezeichnet, weil vor dem ersten gut bezahlten Job einige Hürden zu nehmen sind.

Und wenn man die Scheidungsraten betrachtet, ist auch die Ehe »bis dass der Tod uns scheidet« inzwischen für viele letztlich kein dauerhaftes Modell. Laut Statistik wird seit 2014 in Deutschland wieder häufiger geheiratet, in 2017 wurde nach Stagnation in den Vorjahren immerhin fast 410 000 Mal das Aufgebot bestellt. Laut der großen Glücks-Umfrage des *GEO*-Magazins aus dem Jahr 2016 wünschen sich die meisten Menschen vor allem eins: eine glückliche Partnerschaft. Und dennoch scheitert über ein Drittel aller geschlossenen Ehen. Die Gründe dafür sind vielschichtig. Sicherlich spielt der Drang zur Selbstverwirklichung eine Rolle. Aber auch die wachsende Flexibilität, die einem als Arbeitnehmer abverlangt wird. Die Züge und Busse sind voll von Pendlern, die Autobahnen und Landstraßen permanent verstopft. Wochenendbeziehungen und Zweitwohnungen, gleitende Arbeitszeiten bis in die späten Abendstunden, durchgehende Erreichbarkeit und das Gefühl, dass es dennoch nie ausreichend ist, was wir bringen. Ein solches Getriebensein hat seinen Preis. Manchmal mit schlimmsten Folgen: In den vergangenen Jahren sind zwei enge Freunde von mir mit Mitte 40 verstorben. Beide wurden plötzlich aus ihren hochtourigen Arbeitsleben herausgerissen. Bei dem Versuch, permanent alle Bälle in der Luft zu halten – Familie, Kinder, Freunde, Karriere –, bekamen sie einen Herzinfarkt.

Einen kleinen Einblick in den Alltag einer Politikerfamilie hatte ich schon gegeben. Es ist ein unglaublich zeitintensives, kräftezehrendes Programm, was Menschen dort abverlangt wird. Alles andere als familienfreundlich, geht der Einsatz häufig über die Grenzen der Belastbarkeit. 16-Stunden-Tage sind normal, um nachts die Akten für die Termine am nächsten Tag durchzuarbeiten. Und dann schauen viele auf Angela Merkel, die bei einigen wenigen Auftritten in letzter Zeit heftig gezittert hat – und die Medien fragen halb neugierig, halb sensationslüstern, ob dies der Anfang vom Ende ihrer Amtszeit ist. Das ist ätzende und menschenunwürdige Berichterstattung. Da hat sich jemand über Jahrzehnte im öffentlichen Amt eingesetzt, alles gegeben, und wir schauen vor allem auf die kleinen Schwächen, in diesem Fall auch noch gesundheitlicher Natur.

Ich erinnere mich, wenn ich so etwas wahrnehme, nur zu gut, wie manche Journalisten damals auch über uns hergefallen sind, als die Berichterstattung über angebliche Pflichtverletzungen und Unstimmigkeiten begann. »Das Amt des Bundespräsidenten nimmt Schaden« – das stand immer wieder zwischen den Zeilen und wurde hinter vorgehaltener Hand weitererzählt. Auch wenn sich später sämtliche Vermutungen und Beschuldigungen vor Gericht als falsch herausstellten – den Schaden hatten wir.

Jetzt mit Mitte 40 spüre ich an manchen Abenden eine körperliche Erschöpfung, die mir neu ist, und eine tiefe Sehnsucht nach »Ruhe«. Allein auf dem Sofa sitzen und lesen, im Sommer im Gartenstuhl die letzten Sonnenstrahlen genießen, spazieren gehen. Das alles tut mir richtig gut.

Nach vielen Jahren mit hoher Drehzahl lebe ich nun ein anderes Leben und fühle mich am richtigen Platz. Ich folge meinem Bedürfnis nach innerer Verortung mit Menschen, die ein ehrliches Interesse an mir hegen. Und ich nehme mir Zeit, freundschaftliche Beziehungen zu pflegen, in dem Rahmen, den ich bewältigen kann. Ich bin hinausgewachsen aus einem Leben, das für eine Weile ganz wunderbar war. Dann wurde es zermürbend. Und irgendwann ging es richtig schief. Es endete mit einem großen Knall.

DAS PASSIERT EINEM NICHT ZWEIMAL – ODER?

BETTINA WULFF Der Tag, an dem ich mir selber die Rote Karte gezeigt habe, war der 17. September 2018. Tagsüber war ich mit den Kindern im Freibad, wir schwammen ein paar Runden durchs Becken, planschten ausgelassen und hatten an diesem heißen spätsommerlichen Tag ordentlich Spaß im angenehm kühlen Wasser. Später saßen wir im Freibad auf einer Bank, aßen Eis, plauderten über die Dinge, die uns gerade beschäftigten. Dann ging es heim.

Anschließend hatten mich Freunde am Abend zum Grillen eingeladen. Es war ein schönes Beisammensein, wir aßen gemütlich im Garten und tranken dazu leckeren Wein. Mein Fußweg nach Hause war kurz.

Dort angekommen stellte ich fest, dass noch einige Lebensmittel fehlten. Ich musste schnell noch einkaufen gehen. Aber der Supermarkt war einige Kilometer entfernt, vor Ladenschluss nur mit dem Auto zu erreichen. Im Nachhinein ist es mir ein Rätsel, wie ich auf die Idee kam, in diesem Zustand loszufahren. Es war ein schwerwiegender Fehler und, bei Licht betrachtet, absolut verantwortungslos.

Auf der Landstraße huschte bei Tempo 70 plötzlich ein Schatten von rechts nach links über die Fahrbahn. Ich machte genau das, was man in dieser Situation nicht tun sollte, trat heftig auf die Bremse und wich nach rechts aus. Der Wagen kam ins Schlingern und war nicht mehr zu halten. Der Versuch gegenzulenken scheiterte, und ich sah einen großen Baum rasch auf mich zukommen. Dann folgte ein heftiger Aufprall. Das Blech wurde zusammengedrückt, das Sicherheitsglas der Windschutzscheibe bekam jede Menge Risse, die Airbags lösten aus, das Fahrzeuginnere verschwand in einer weißen Kalkwolke.

Zitternd saß ich hinter dem Lenkrad und konnte kaum glauben, dass keiner – auch ich nicht – verletzt war. Dann öffnete ich die Fahrertür, stieg aus, ging ein paar Schritte und rief die Polizei. Das Auto hatte einen Totalschaden und wurde später abgeschleppt. Unmittelbar nach dem Unfall kamen direkt zwei Autos hinter mir angefahren, beide Fahrer hielten sofort und fragten mich, ob sie mir irgendwie helfen könnten. Ich weiß noch, dass mich das trotz der extremen Situation sehr berührt hat. Die Menschen wollten helfen und sind nicht, wie man so häufig hört, einfach desinteressiert vorbeigefahren.

Erst Stunden später kam ich wieder nach Hause. Zu Fuß. Meinen Führerschein hatten die Beamten logischerweise nach dem obligatorischen Bluttest direkt einbehalten. Seitdem bin ich Radfahrerin. Und ich weiß: Das passiert mir nicht noch einmal. Sehr oft habe ich inzwischen darüber nachgedacht, warum ich diesen Fehler gemacht habe. Wie kann man so verantwortungslos sein, sich mit Alkohol im Blut ans Steuer zu setzen und sich und vor allem auch andere in Gefahr zu bringen? Das Schicksal so herauszufordern, ist geradezu fatal. Ich kann das alles nur mit dem Ausnahmezustand erklären, in dem ich mich damals emotional befand. Und Gott sei Dank kam niemand zu Schaden. Nicht auszudenken, wenn ich einen anderen Menschen verletzt oder sogar getötet hätte.

Am nächsten Morgen habe ich meinen Kindern von dem Unfall erzählt und versucht ihnen zu erklären, warum mir das passiert ist. Aber eigentlich war die »Warum-Frage« wenig hilfreich. Die »Wozu-Frage« war wichtiger. Im Nachhinein fühlte es sich wie ein deutliches Signal an, dass ich mein Leben so nicht gestalten sollte.

Warum mir das passiert ist? Darauf gibt es mehrere Antworten: Ich hatte Alkohol im Blut, mein Reaktionsvermögen war dadurch deutlich verlangsamt, und ich konnte nicht mehr einschätzen, dass ich nicht mehr hätte fahren dürfen. Der Wildwechsel in der Dämmerung ist zu dieser Jahreszeit im ländlichen Raum nichts Ungewöhnliches. Damit war zu rechnen. Kurzum: Da kam einiges zusammen. Und bei alledem war ich mit den Gedanken ganz woanders. Ich fühlte mich innerlich fürchterlich zerrissen und unglücklich, weil ich wusste, dass ich bald eine schwerwiegende Entscheidung treffen musste. So ging es auf jeden Fall nicht mehr weiter.

Die Gedanken kreisten in meinem Kopf: Ich hatte wieder einmal das schmerzhafte Gefühl, am falschen Platz zu sein. Die Schere zwischen dem, was in mir vorging, und dem Leben nach außen klaffte so weit auseinander, dass ich nur noch schwer eine Verbindung herstellen konnte. Für meine Kinder funktionierte ich und hielt das Familienleben mit den üblichen Terminen aufrecht. Und das wohl auch so gut, dass die meisten Menschen in meiner Umgebung nichts von meinem inneren Zustand mitbekamen. Doch eigentlich war es an der Zeit, Themen zu klären. Schon das zweite

Mal war meine Ehe gescheitert. Eine Trennung schien unvermeidlich.

In ruhigen Momenten kam meine innere Verzweiflung umso stärker hoch – eine Mischung aus Scham und schlechtem Gewissen. Wieder stand ich vor einem großen Scherbenhaufen. Meine Kinder sollten nicht unter alldem leiden. Und doch wusste ich tief im Inneren: Es würde so kommen. Die Erkenntnis, dass ich den Schein nicht mehr lange aufrechterhalten konnte, war da. Mit all den Konsequenzen, die es für die Familie leider hatte.

Warum ist mir das passiert? Diese Frage habe ich irgendwann beiseitegelegt. Viel wichtiger ist die Frage nach dem »Wozu«.

Denn bei allem Schaden und Schrecken hatte es letztlich auch etwas Gutes, dass ich gegen den Baum geknallt bin: Ich bin dadurch im wahrsten Sinne des Wortes wachgerüttelt worden. Ich habe gemerkt, dass es nichts hilft, noch länger auf die Symptome zu starren, sondern dass es an der Zeit ist, mich endlich um die Ursachen zu kümmern. Und als ich spätabends nach dem Unfall zu Fuß nach Hause kam, beschloss ich: Mein Leben musste sofort ein anderes werden!

Seitdem ist mehr als ein Jahr vergangen. Ich habe mich intensiv mit mir auseinandergesetzt und hinterfrage mich täglich. Ein neuer Anfang ist gemacht.

Ich habe all das nicht ohne Blessuren überstanden. Die seelischen Wunden schmerzen, und ich kann sie nicht kleinreden. Aber das Leben geht weiter.

ES KOCHT INNERLICH

BETTINA WULFF

Mein Freund Jan fragt mich von Zeit zu Zeit: Wann fängst du endlich an, gnädig mit dir selbst zu sein? Er weiß, wie viele Gedanken ich mir darum mache, was in den letzten Jahren alles schiefgegangen ist. Wie es an mir nagt, dass ich mit all meinen Träumen und Idealen immer wieder an Grenzen gestoßen bin. Dass ich es nicht auf die Reihe bekommen habe, das zu verwirklichen, was mir ein Anliegen war. Dass ich Dinge gesagt habe, die ich wenig später bereute. Dass ich manchmal ganz anders gehandelt habe, als ich es mir zuvor fest vorgenommen hatte. Eben nicht bedacht und mit Gelassenheit, sondern impulsiv und unüberlegt. Manchmal auch lieblos, wenig empathisch. Dann verletzte ich Menschen, die ich liebe und die an mir hängen.

Mittlerweile genieße ich es zuweilen wieder, im Rampenlicht zu stehen, und freue mich doch im nächsten Augenblick auf Alleinsein und Ruhe. Auf großem Parkett fühle ich mich ab und an durchaus fröhlich akzeptiert, im beschaulichen Großburgwedel überwiegend am wohlsten. Ich suche Nähe, gehe freudig auf Menschen zu, habe die besten Absichten.

Manche haben mir vorgeworfen, dass ich meinen damaligen Mann alleingelassen habe – im schlimmsten Moment, als er als

Bundespräsident seinen Rücktritt erklärt hat. Ich stand regungslos abseits. Ich konnte nicht anders. Kann das jemand verstehen? Vielleicht nur so viel: Es war eine absolute Ausnahmesituation. Wochenlang tobte zuvor eine Schlammschlacht. Dann war klar: Es geht nicht mehr. Ich wollte damals vor allem niemandem zeigen, wie es mir wirklich geht. Keiner sollte auch nur eine Regung mitbekommen. Meinen Mann, als er vor laufender Kamera seine Rücktrittserklärung vortrug, an die Hand oder in den Arm zu nehmen – das wäre vielleicht gegangen, läge es nicht jenseits aller »protokollarischen Vorgaben« für solche Momente.

Dass mich andere deswegen als kühl und abweisend, eiskalt berechnend wahrnehmen – und ich tief in meinem Inneren eigentlich ganz anderes im Sinn habe, ist im Nachhinein nicht mehr zu ändern.

Natürlich habe ich versucht, an der Seite meines Mannes zu stehen – soweit man dies in derartigen Situationen überhaupt kann. Aber es ist immer auch eine Frage des Zulassens.

Im Rückblick erkenne ich, wo es besser gewesen wäre, anderen Menschen größere Nähe oder überhaupt Nahbarkeit zu zeigen. Oder direkt und entschlossen zu handeln, statt gute Miene zum bösen Spiel zu machen. Vielfach ist mein distanziertes Lächeln vermutlich nur Ausdruck einer großen Unsicherheit gewesen. Ein Spiegelbild meiner inneren Zerrissenheit. Und Verletzlichkeit zu zeigen bedeutet eine immense Kraftanstrengung, wenn man erlebt hat, wie gnadenlos mit Menschen, die in der Öffentlichkeit stehen, umgegangen wird.

Liebe deinen Nächsten wie dich selbst – den ersten Teil des Satzes unterschreibe ich sofort, den zweiten Teil finde ich viel schwieriger. Es geht um Selbstannahme. Ein *Ja* zu meinen Schwächen und

Fehlern. Damit bin ich noch längst nicht am Ende. Und zu glauben, ich hätte inzwischen ganz genau begriffen, wo die Lösung meiner Probleme zu finden ist, liegt mir fern. Ja, ich habe einzelne Mechanismen erkannt, und ich weiß mittlerweile ziemlich gut, an welchen Stellen ich genauer hinschauen und frühzeitiger entscheiden muss. Aber ich komme auch nicht raus aus meiner Haut.

Ich beende eine Beziehung, weil es kein gutes Miteinander ist – oder ich mir dies jedenfalls ganz anders vorstelle. Ich wechsle den Wohnort oder die Arbeitsstelle, verändere die äußeren Umstände – aber irgendwann stehe ich wieder vor dem gleichen Thema. Man nimmt sich ja immer selbst mit.

Die Schere im Kopf ist weiterhin da: »So gehört sich das …«, »Besser jetzt nicht schon wieder unangenehm auffallen …«, »Du kannst das aushalten …«. Die inneren Antreiber wollen einfach keine Ruhe geben. Aber sie dürfen ruhig weitersäuseln. Ich weiß inzwischen, dass das Leben viel größer ist als die Bilder, die wir uns davon machen. Bei der Frage nach der Selbstannahme hilft mir die Gewissheit, dass ich mich von Gott geliebt wissen darf. Das ist ein tragfähiges Fundament, nicht nur in Notzeiten.

Schweigen zu müssen, wenn mich etwas stark beschäftigt, das setzt mir zu. Das ist das Schlimmste, was man mir antun kann. Dann steigt ein innerer Druck, der sich irgendwann ein Ventil sucht.

Das war schon immer so, auch wenn mir andere gesagt haben: »Misch dich da nicht ein!« Oder: »Das geht dich nichts an.« In vielen Fällen habe ich dann unüberlegt heftig reagiert.

Ich brauche das innere Gefühl von Freiheit – und ich sehne mich gleichzeitig nach Bindung. Geht das überhaupt zusammen? Darüber habe ich viel nachgedacht und bin zu einem klaren *Ja* gekommen. Ja, es geht, weil ich jemanden an meiner Seite weiß, der mir hilft, meine Probleme anzugehen. Und weil ich mittlerweile klarer sehe, worauf es ankommt.

Ich habe mir viel vorgenommen, ich will innerlich gelassener bleiben. Das gelingt mir inzwischen recht gut, auch wenn ich zugeben muss, dass es von Zeit zu Zeit in mir noch ordentlich heftig kocht. Aber das kennen Sie bestimmt auch von sich selbst.

GELINGT ÖFTERS

HEINO MASEMANN Zusammen kochen und feiern ist etwas Wunderbares. Bettina hat mir bei unseren gemeinsamen »Küchengesprächen« beigebracht, wie man das perfekte Steak hinbekommt. Perfekt, das ist für mich »medium well« – nicht blutig, aber auch nicht ganz durch, sondern in der Mitte noch leicht rosa.

Das bekomme ich hin, denke ich, und lade mit eitler Vorfreude meine drei Töchter zu mir ein. Ich möchte ihnen mal zeigen, was der Papa inzwischen auf den Tisch zaubern kann.

Sicherheitshalber gucke ich aber vorher doch noch einmal kurz auf den einschlägigen Seiten im Internet nach. Da steht unter anderem: »Die Zubereitung des perfekten Steaks ist simpel.« Na denn! Ich freue mich schon auf den Abend mit den dreien und ihre großen Augen, wenn sie sehen, wie ich die Küche inzwischen im Griff habe.

Die Zutaten liegen bereit. Der Backofen ist vorgeheizt. Das Fleisch habe ich vor zwei Stunden aus dem Kühlschrank genommen, damit es Zimmertemperatur hat. Ein mächtiges Steak und drei etwas kleinere, weil meine Töchter nicht die großen Fleischesser sind. Deswegen gibt es auch reichlich frisches Gemüse und Pommes frites als Beilage. Pfeffer und Salz stehen auf dem Tisch, und Kräuterbutter, falls gewünscht.

Ein Blick auf die Uhr: Ich bin gut in der Zeit. So ein Steak geht ja schnell. Ich rechne mit einer halben Stunde Zubereitung für alles. Der Tisch ist auch schon komplett gedeckt. Eine Flasche kräftiger italienischer Rotwein ist dekantiert, eine Karaffe Wasser steht daneben.

Als meine Töchter da sind, schauen sie erwartungsvoll in Richtung Küche. Papa am Herd. Noch dazu mit einem derart komplexen Gericht. In ihren Augen kann ich ungläubiges Staunen erkennen.

Ich gebe einen Schuss Rapsöl in die Pfanne, erhitze es und tupfe währenddessen das Fleisch trocken. Als ich die Steaks scharf anbrate, kommen mir Zweifel: Da läuft so viel Wasser ins heiße Fett – ob das richtig ist? Und die Steaks werden in der Pfanne kleiner und kleiner. Ich hätte das Fleisch doch nicht beim Discounter kaufen sollen, schießt es mir durch den Kopf. Wie konnte ich nur so blöd sein? Ich kaufe doch sonst auch immer beim Metzger ein. Aber diesmal war ich in Eile, der Weg zum Metzger etwas weiter … Mist!

Ich konzentriere mich, versuche es genau so zu machen, wie Bettina es mir gezeigt hat: Die Steaks braten knapp zwei Minuten von jeder Seite in der Pfanne. Dann würze ich mit Salz und lege sie zum Fertiggaren in den vorgeheizten Backofen. Währenddessen schwenke ich das Gemüse im heißen Wok. Pfeffer und Salz, ein Brühwürfel zum Verfeinern, sieht gut aus. Probieren, abschmecken, rechtzeitig die Hitze runterschalten. Ich hole die Steaks aus dem Backofen, würze sie noch ordentlich aus der Pfeffermühle und serviere alles.

Das sieht gut aus auf dem Teller. Wir probieren. Hmmmmm. Das Gemüse ist knackig, so wie es sein soll. Meine Töchter schneiden ihre Steaks an, zuletzt auch ich. Sie sind zäh wie Leder und schmecken muffig. Wir essen tapfer. Aber meine Töchter loben mich herzlich, weil ich es überhaupt probiert habe, so ein aufwendiges Essen zuzubereiten.

Einige Zeit später wiederholte ich die Einladung. Dieses Mal gibt es Hähnchenbrust und Gemüse aus dem Wok. Es gelingt großartig.

Was das perfekte Steak angeht, da bin ich inzwischen viel erfahrener geworden. Aber trotzdem gelingt es nicht immer. Ich werde da noch weiter experimentieren müssen. Aber das gehört wohl beim Kochen so dazu wie zum Leben.

Wie »schmeckt« es, wie ist es eigentlich richtig? Beim Kochen, beim Braten – im Leben?

Einfach zuzuschauen, wie die anderen das mit ihrem Leben angehen, reicht nicht. Du musst dich selbst fordern und aus dem Schatten der anderen treten. Selten klappt das, was wir vorhaben, auf Anhieb. Du musst probieren und nochmals probieren.

Die Wirklichkeit unterscheidet sich ziemlich von unserer Vorstellung – und erst recht von den perfekten Bildern im Kochbuch.

Damit es gut wird, damit es irgendwann nahezu perfekt gelingt, komme ich nicht umhin, Erfahrungen zu sammeln. Auch die schlechten. Und zu üben. Und wenn es nötig ist, dann muss ich eben ohne Scheu noch einmal komplett von vorne anfangen. Einen zweiten Versuch wagen, und vielleicht auch einen dritten. Und auf die »richtigen Zutaten« muss ich achten.

Gutes ist nicht einfach und billig zu haben. Ich muss investieren. Und ich darf mich durch Rückschläge nicht entmutigen lassen. Manchmal sollte ich mir auch, wie beim Kochen, von jemand Erfahrenem Rat holen und mich an die Hand nehmen lassen. Aber nicht im Internet. Das ist gut für Kochrezepte, aber nicht für eine Lebensanleitung. Ich hole mir Rat von Menschen, denen ich absolut vertrauen kann. Oder ausgewiesenen Profis, »Meisterköchen« des Lebens. Und nicht zuletzt kann ich mich auch von dem an die Hand nehmen lassen, der das Leben erfunden hat: Gott, der Schöpfer aller Dinge. Mit ihm habe ich beste Erfahrungen gemacht.

WAS WERDEN DIE ANDEREN SAGEN?

HEINO MASEMANN Mal zieht links einer an mir und gleich darauf der Nächste von rechts auch noch. Das ist vielfach unsere Alltagserfahrung: Von allen Seiten wird an mir gezerrt. Mit Erwartungen, mit Vorstellungen, was ich zu tun oder zu lassen habe. Und oft bin ich es sogar selbst, der nicht abwarten kann, wie sich etwas vielleicht auch von alleine in eine gute Richtung entwickelt.

Vor allem eines scheint wichtig zu sein: »Was werden die anderen sagen?« Was werden sie zu dem sagen, was ich getan oder gelassen, geleistet oder vermurkst habe?

Oft geht es im Leben um Ansehen und Erfolg, Einfluss und Macht – und vor allem Geld. Geld, damit ich mir das leisten kann, was auch andere toll finden. »Der muss glücklich sein«, mag mancher denken, wenn er sieht, was ich besitze. Dabei bin ich innerlich vielleicht im Laufe der Zeit immer leerer geworden.

Das beschäftigte auch die 39-jährige Frau, die mir unter Tränen ihr Leben erzählte. Sie steht kurz davor, einen Schlussstrich zu ziehen, sich endlich von ihrem Mann zu trennen, nach 15 Jahren Ehe. Gemeinsam haben sie 3 Kinder zwischen 9 und 14 Jahren.

Sie will neu anfangen, bevor sie 40 Jahre alt ist. Und sie weiß, welche Konsequenzen das alles nach sich zieht.

Ihren Eltern und auch den Großeltern war ihr Leben lang vor allem immer eines wichtig: Was werden die anderen sagen? Deswegen ist ihre Großmutter nur abends spazieren gegangen, wenn es schon dunkel war. Sie befürchtete, dass sonst die Leute im Dorf denken, sie hätte nichts zu tun oder sei zu faul zum Arbeiten.

Die 39-Jährige hätte gerne Abitur gemacht und dann vielleicht studiert. In der Schule war sie sehr gut, es wäre ohne Weiteres möglich gewesen. Aber ihre Eltern hielten es nicht für nötig, dass sie einen Hochschulabschluss machte. Sie sagten: »Was sollen denn die Leute dazu sagen, dass unsere Tochter solche Ansprüche hat? Und wer weiß, ob du das überhaupt schaffen kannst. Nicht, dass die Leute nachher über uns reden …« Stattdessen sollte sie lieber eine Lehre absolvieren, heiraten und Kinder bekommen. »Mache deinen Mann und deine Familie glücklich«, so riet es ihr der Vater. Auf diese Weise ist sie in ein Leben hineingerutscht, das sie eigentlich gar nicht gewollt hatte.

Und nun war Schluss – die Frau, die mir weinend gegenübersaß, sagte: »Ich kann und ich will so nicht mehr leben.«

»Das darf man nicht. Das gehört sich nicht. Damit wirst du dir keine Freunde machen.« Mit solchen Sätzen wird das Leben daran gehindert, sich zu entfalten.

Der Druck ist groß: Wenn ich nicht so bin oder mich nicht so verhalte, wie es den Vorstellungen anderer entspricht, wenden diese sich vielfach von mir ab. So war das auch schon bei Jesus. Von ihm wird erzählt, dass er auf dem Weg nach Jerusalem durch die Stadt Jericho kam und dort Herrn Z. begegnete. Herr Z. war reich, wohnte in einem dementsprechenden Haus und hatte alles, was er sich wünschte. Aber keiner konnte Herrn Z. leiden, niemand sprach mit ihm, niemand grüßte ihn, wenn er über die Straße ging.

Herr Z. war von Beruf Zöllner. Das waren Leute, die damals das gleiche Ansehen hatten wie die Mitarbeiter der Stasi bei uns heute. Jeden Tag saß Herr Z. am Stadttor und forderte Geld von den Leuten, die in die Stadt hineinwollten. Und Herr Z. forderte viel Geld von ihnen, viel mehr, als er eigentlich verlangen durfte. Er war der oberste Zöllner und gleichzeitig der größte Gauner von allen. So wurde er reich, aber er hatte keinen Freund. Er wohnte im schönsten Haus der Stadt. Aber es gab niemanden, der ihn dort besuchen wollte.

Eines Tages saß Herr Z. wieder am Stadttor. Jede Menge Menschen waren an diesem Tag auf der Straße, viel mehr als sonst. Er hörte, wie einige Passanten einander zuriefen: »Weißt du schon? Jesus kommt gleich in die Stadt!« Herr Z. wusste nicht, wer Jesus war, aber ihm dämmerte: Es musste ein berühmter, ein mächtiger Mann sein. Er trat auf die Straße. Aber dort war schon alles verstopft. Die Menschen standen dicht an dicht. Alle wollten diesen Jesus sehen. Als Herr Z. versuchte, ein paar Schritte nach vorne zu gehen, drängten ihn die Umstehenden grob zur Seite. »Hau ab, verschwinde hier. Solche wie du haben hier nichts zu suchen!«

Aber Herr Z. ließ nicht locker. Er wollte Jesus unbedingt auch sehen. Schnell lief er zu dem Maulbeerbaum an der Straße. Er kletterte hinauf und versteckte sich zwischen den Ästen. Von hier aus hatte er gut die Straße im Blick, auf der Jesus kommen sollte. Und dann kam der Mann, auf den alle warteten. Und Jesus ging geradewegs auf den Baum zu, auf dem Herr Z. saß. Dann blieb Jesus stehen, schaute nach oben, zeigte auf Herrn Z. und rief dessen Namen: »Zachäus! Komm schnell herunter! Ich möchte heute zu Gast sein in deinem Haus.«

Jesus denkt nicht daran, was die Leute sagen werden. Er geht auf den übelsten Typen zu, der dort an den Toren der Stadt sein Unwesen treibt – und spricht ihn freundlich an. Natürlich sind alle anderen entsetzt, dass der lange erwartete Messias ausgerechnet mit diesem Schurken zu Tisch sitzen will.

»Das darf doch nicht wahr sein. Das gehört sich nicht!«, höre ich sie schreien, wenn ich mir die Szene vorstelle.

Herr Z. aber ändert sein Leben, von jetzt auf gleich, erzählt die biblische Geschichte im Lukasevangelium, Kapitel 10. Er beschließt, alles, was er anderen weggenommen hat, vierfach zurückzugeben. Und von nun an all seinen Besitz mit den Bedürftigen zu teilen.

»Hau ab. Verschwinde hier. Solche wie du haben hier nichts zu suchen.« Leute, die so denken und reden, gibt es bis heute, auch in kirchlichen Kreisen. Herr Z. lässt sich Gott sei Dank von ihnen nicht aufhalten. Vielleicht ahnt er, dass hier etwas geschehen wird, was für sein Leben bedeutend ist.

Es sind verschiedene Aspekte, die ich an dieser Geschichte bemerkenswert finde:

Jesus sieht Herrn Z. mit liebenden Augen an, auch wenn er weiß, dass einer vor ihm steht, den alle anderen verachten. Jesus spricht mit ihm nicht über die Vergangenheit, er zählt keine Vergehen auf, er redet nicht über Schuld. Er setzt sich mit Herrn Z. an einen Tisch und isst mit ihm. Was die anderen sagen, ist Jesus egal. Jesus hat andere Maßstäbe, als sie üblicherweise gelten. Dies verändert das Leben von Zachäus.

In Jesus begegnet Herr Z. Gott. Er begegnet jener Liebe Gottes, von der schon im Alten Testament die Rede ist: »Barmherzig und gnädig ist der HERR, geduldig und von großer Güte. Er handelt nicht mit uns nach unsern Sünden und vergilt uns nicht nach unsrer Missetat. Denn so hoch der Himmel über der Erde ist, lässt er seine Gnade walten über denen, die ihn fürchten. So fern der

Morgen ist vom Abend, lässt er unsere Übertretungen von uns sein.« (Psalm 103)

Das ist der Kern der Geschichte: Gott kennt uns, jeden Einzelnen. Und wir sind ihm wichtig.

Weil Herr Z. dies spürt, weil er sich geliebt erlebt, kann er sich verändern. Weil er sich geliebt weiß, kann er den ersten Schritt tun und selbst auf andere neu zugehen.

Es ist gut zu wissen, dass wir nicht von den Meinungen anderer abhängig, sondern am Ende aller Tage nur Gott gegenüber verantwortlich sind. Das macht das Leben leichter. Denn es ist nicht entscheidend, was die anderen über uns sagen.

Auch wenn ich nicht in der Lage bin, viel zu leisten, wenn ich nicht mit meinen Erfolgen glänzen kann, sondern mir vieles misslingt, darf ich sicher sein: Gott ist mir gut, trotz allem. In diesem Bewusstsein erscheinen die Erwartungen anderer in einem neuen Licht. Ich werde frei von falschen Denkmustern und Lebensschablonen. Dann ist es wieder wie damals, in meiner Kindheit. Ich brauchte nicht viel und war einfach glücklich, weil ich ganz im Augenblick lebte. Es war schön, und ich habe mich daran gefreut. Da war eine unbändige Leichtigkeit im Leben. Das möchte ich neu entdecken.

ANDERS ALS GEDACHT

BETTINA WULFF Vieles in meinem bisherigen Leben kam ganz anders als gedacht. Manches hat sich schlicht entwickelt oder ereignet, es kam irgendwann unerwartet auf mich zu. An einigen Stellen ist mir auch richtig übel mitgespielt worden. Oft habe ich mich getäuscht – in der Beurteilung von Situationen und in der Einschätzung von Menschen, mit denen ich unterwegs war. In einigen Fällen habe ich mich auch selbst enttäuscht. Ein Satz, über den man lange nachdenken kann.

Manchmal komme ich in Versuchung, die Schuld für manche Entwicklungen vor allem anderen in die Schuhe schieben zu wollen. Das ist Unsinn. Jeder Konflikt hat zwei Seiten. Und keiner der Beteiligten ist in der Regel absolut unschuldig. Ich weiß: Das meiste, was schiefgelaufen ist, habe ich auch selbst zu verantworten. Und ich habe mir viel Zeit dafür genommen, die Ereignisse der letzten Jahre und die Konflikte, in die ich geraten bin, gründlich zu reflektieren. Dieses Buch ist ein Teil des Prozesses. Auch beim Schreiben selbst wurde mir manches nochmals etwas klarer.

Was habe ich aus all dem, was sich in den letzten Jahren ereignet hat, gelernt?

Vor allem eines: Ich will Probleme nicht mehr vor mir herschieben, sondern rechtzeitig und ganz bewusst angehen. Ärgernisse müssen besprochen und geklärt werden. Meine Gefühle darf ich keinesfalls unterdrücken und muss sie aussprechen dürfen. Die nächsten Schritte auf dem Lebensweg will ich deutlich aufmerksamer gehen und dabei auf mein Bauchgefühl hören.

Mehrmals den gleichen Fehler zu machen – nein, das soll mir nicht noch mal »passieren«.

Ich lerne, bewusster mit mir selber umzugehen, und horche in mich hinein, wenn ich mich nicht mehr in Balance fühle. Wenn mir heute etwas nicht guttut oder missfällt, versuche ich es direkt auszusprechen und mit meinem Gegenüber zu lösen. Früher habe ich dann häufig geschwiegen oder bin über mein Bauchgrummeln hinweggegangen. Das Schweigen hat dann häufig dazu geführt, dass ich begann, Groll gegen den oder die andere aufzubauen, mich abzukapseln und den Menschen letztlich nicht mehr an mich heranzulassen. Das führte regelmäßig zu schlaflosen Nächten und Albträumen, für die ich dann ebenfalls die Person, die alles ausgelöst hatte, »schuldig« gesprochen habe. So habe ich, im Nachhinein betrachtet, viele Menschen enttäuscht und auch manche, durchaus wertvolle Beziehung zerstört. Gute Impulse, es anders zu machen, habe ich abgewürgt – ich konnte oft vor lauter Bäumen, gegen die ich gelaufen bin, den schönen Wald nicht sehen.

Heute versuche ich in Konfliktsituationen erst einmal herauszufinden, was mich wirklich umtreibt, und dann mit meinem Gegenüber ein Gespräch darüber zu beginnen. Denn oft liegt der eigentliche Auslöser für einen Konflikt schon Jahre zurück. In einer bestimmten Situation fällt ein Wort, das mich direkt auf die Palme bringt, weil ich es in ganz anderen Zusammenhängen negativ abgespeichert habe.

In solchen Momenten die innere Ruhe zu bewahren und nachzufragen, wie etwas gemeint ist, gelingt mir immer besser. Aber es gibt durchaus noch viel Luft nach oben.

Natürlich wird es trotz aller Bemühungen nicht ausbleiben, dass mir das eine oder andere gründlich misslingt. Von anderen enttäuscht zu werden – und selbst die Erwartungen anderer zu enttäuschen –, das gehört zum Leben dazu. Keiner ist perfekt. Und Konflikte sind, das weiß ich inzwischen, auch wichtige Wegweiser, weil sie zeigen, wo etwas im Argen liegt.

EIN WEITER RAUM

Ich spüre deutlich: Jetzt, genau jetzt ist die Zeit für ein anderes Leben, das auf mich wartet! Und damit möchte ich achtsam umgehen, nach all den Brüchen und Neustarts in meinem Leben. Nach all den Umzügen hat sich auch bei diesem Thema eine große Erfahrung angesammelt und vor allem eine wachsende Vorsicht, die weißen Wände meines Hauses und die noch unbeschriebenen Blätter im Buch des Lebens behutsam zu gestalten und intensiver mit Freude zu füllen. Außerdem stellt sich eine gewisse Routine ein, die Dinge einfach langsamer und bedacht anzugehen.

In meinem neuen Haus ist genug Platz für unsere Patchworkfamilie, und alle sind jederzeit willkommen. Gerne laden wir auch Freunde ein, um Zeit miteinander zu verbringen.

Der kleinen Versuchung, alles so zu gestalten, dass es einen besonders guten Eindruck auf Außenstehende macht, habe ich widerstanden. Meine Wohnung musste nicht vom ersten Tag an perfekt aussehen. Ich habe mir Zeit genommen, abgewartet und einiges bewusst erst einmal so gelassen, wie es war. Bis heute sind einige Wände weiß geblieben, es ist auch nicht alles vollgestellt mit

Möbeln – im Gegenteil. Der Freiraum tut gut. Es geht nicht darum, ausgefallene, besonders schicke Einrichtungsgegenstände zu finden und das passende Bild für die Wand im Wohnzimmer. Viel wichtiger ist das Leben, das in diesen Wänden stattfindet. Das echte, das authentische Leben mit Menschen, die mir wichtig sind. Es geht um das Gefühl von Geborgenheit, wenn wir mit Familie oder Freunden im Garten am Teich sitzen oder gemeinsam zu Abend essen. Der Teller, von dem wir essen, darf einen kleinen Sprung haben, und die Tasse muss farblich auch nicht perfekt passen. Aber der Tisch ist mit Liebe gedeckt. Heute sitze ich dankbar beim Essen und genieße das Miteinander, wenn mein Freund gekocht hat und wir uns über den Tag austauschen. Ich freue mich daran, wie intensiv wir uns umeinander kümmern. Und ich kann, im Gefühl, mit all meinen Schwächen geliebt zu werden – so wie ich bin –, auch selbst Geborgenheit vermitteln. Eine wohltuende Atmosphäre, die einfach guttut: meinen Kindern, meiner ganzen Familie und all den Menschen, die mir wichtig sind.

Auf der anderen Seite traue ich mich heute auch, klare Grenzen zu setzen. Mich bewusst von Menschen zu verabschieden, die mir letztlich nicht guttun. Situationen zu vermeiden, in denen ich Gefahr laufe, wieder in alte Rollenmuster zu verfallen – und dann letztlich ein Bild von mir zu vermitteln, das mir in der Tiefe meines Wesens nicht entspricht, nur um vermeintlich anderen zu gefallen, einfach weil ich es so lange eingeübt habe und mich bestimmte Menschen dazu antriggern.

Ich lerne, deutlich *Nein* zu sagen. Eine äußerst schwere Disziplin. Denn natürlich sitzen die kleine Bettina, die geliebt werden möchte, der nach Bestätigung suchende Teenie und die Frau, die anziehend wirken möchte, alle noch auf meiner inneren Bank. Aber sie sind gnädiger mit mir geworden.

Und ich bin glücklich! Denn es kommt vieles anders als gedacht. Ich hatte die Hoffnung fast schon aufgegeben, aber glücklicherweise hat sich aus einem tiefen Vertrauen, das Leben einfach fließen lassen zu können, auch eine weitere berufliche Perspektive entwickelt. So arbeite ich momentan für eine kleine evangelische Stiftung, die Menschen bei ihrer Suche nach einem sinnerfüllten Leben unterstützt. Die Arbeit bereitet mir gerade in dieser Phase meines Lebens ungeheure Freude. Ich kann meinen Glauben und die Energie, die er mir schenkt, in meine Arbeit einfließen lassen. Auch diesen Weg möchte ich gerne weitergehen.

SO FÜHLT SICH GLÜCK AN

BETTINA WULFF Wenn mir mittags mein jüngerer Sohn selig schmatzend mit einer Schale dampfender Ravioli gegenübersitzt, ist das ein Moment puren Glücks. Ich denke an viele Gelegenheiten, bei denen wir einfach Spaß hatten. Ausflüge, gemeinsame Schwimmbadbesuche, Urlaube. Die abendliche Vorlesegeschichte, gemeinsames Singen und Musizieren. Ich sage mir dann: »Behalte das in deiner Erinnerung! Vergiss es nicht, wenn deine Kinder in ein paar Jahren erwachsen sind und sich auf ihren eigenen Weg machen!«

Ich darf zwei kleine Menschen auf ihrem Weg ins Leben begleiten! Mit allem, was damit verbunden ist: kleinen und großen Freuden, aber auch einer diffusen Angst, dass etwas Schlimmes passieren könnte, was unser Glück zerstört. So hoffe und bete ich, dass meine Kinder gesund bleiben und fröhlich ihren Weg gehen. Dass sie ihre Begabungen richtig entfalten können, trotz aller Zwänge von außen. Dass sie lernen, sich selber zu spüren, auf ihre Bedürfnisse zu achten. Ich möchte sie in ihrem späteren Mann-Sein darin bestärken, auf ihre Gefühle zu achten und sich zu trauen, diese auch zu zeigen.

Natürlich habe ich an manchen anstrengenden Tagen und besonders in durchwachten Nächten daran gedacht, wie einfach und unkompliziert das Leben ohne Kinder war. Welche Eltern kennen dieses Gefühl nicht?

Die Zeit, in der man nur für sich selber verantwortlich war, tun und lassen konnte, was man wollte, hatte ihren Reiz. Weitgehend frei und unabhängig von anderen und deren Bedürfnissen zu leben, bot viele Möglichkeiten. Und doch schien es mir letztlich nicht erstrebenswert.

Schon sehr früh hatte ich den Wunsch, eine eigene Familie zu gründen. Als ich etwa Mitte 20 war, ist mir bewusst geworden, dass es sich irgendwie fad anfühlt, wenn ich mich nur um mich selbst drehe und um mein eigenes Fortkommen. Die Freiheiten, die ich hatte, waren schön, aber ich sehnte mich nach mehr: einer festen Partnerschaft und danach, gebraucht zu werden. Einem Kind, dem ich etwas weitergeben und das ich auf der Reise ins Leben begleiten konnte.

Um diesen Wunsch wahr werden zu lassen, habe ich viel getan. Ich dachte, so zielstrebig, wie ich für andere Dinge in meinem Leben gearbeitet habe, so gehe ich jetzt auch ans Kinderkriegen und Familiegründen.

Vielleicht hat dies auch etwas mit dem generellen Lebensgefühl meiner Generation zu tun. In den 90er-Jahren sind wir im Elternhaus, in der Schule und später auch an der Uni so sozialisiert worden, dass nahezu alles geht, wenn man nur will und Leistung zeigt.

Oft habe ich mir die nächsten Schritte auf dem Weg zum Ziel ganz plastisch vorgestellt.

Ich ging gerne auf bestimmte Meilensteine zu, die es zu erreichen galt. Natürlich hatte ich dabei auch die Angst zu versagen, weil man nur dann geschätzt wird, wenn man erfolgreich ist. Dieses Gefühl hatte ich oft, es sitzt tief. Trotzdem treibt mich auch eine große Neugier aufs Leben an und dafür auch mal alles auf eine Karte zu setzen. Auch damals war es so. Ich war noch nicht lange mit meinem Freund zusammen, als ich mich bewusst gegen alle Vernunft und manchen guten Rat entschieden habe, es einfach darauf ankommen zu lassen. Ich wurde schwanger.

Selbst acht Wochen nach der Diagnose meiner Frauenärztin konnte ich es kaum glauben. Leander wuchs in mir heran. Seine Geburt ist eines der größten Geschenke meines Lebens.

Mein Freund und ich hatten keinen Trauschein und waren doch eine kleine Familie. Leider währte das Glück nicht lange. Wie anders hatte ich mir das vorgestellt! Und wie schmerzhaft war für uns alle die Erkenntnis, es nicht zu schaffen zusammenzubleiben. Aber unsere Lebenswege entwickelten sich zu unterschiedlich. Und inzwischen hatten wir ein gemeinsames Kind.

Als unser Sohn ein Jahr alt war, bin ich mit ihm ausgezogen. Für mich eine einschneidende Erfahrung, die mich bis heute beschäftigt. Glücklicherweise haben wir immer eine positive und zugewandte Verbindung behalten und verstehen uns gut, wenn wir als Eltern für unseren Sohn sorgen.

Aus dem Traum der 20-Jährigen, in einem weißen Brautkleid eine wunderschöne Hochzeit mit über hundert Gästen zu feiern, ist jedenfalls nichts geworden. Nicht davor und nicht danach. Und das damalige Traumbild einer perfekten Familienidylle – Heino nennt es gerne »die Rama-Familie« – hat letztlich auch in keinen realistischen Rahmen gepasst.

Rückblickend waren es nicht immer die besten, nicht immer die »richtigen« Entscheidungen. Im Gegenteil. Einige stellten sich im Nachhinein als schmerzhaft und falsch heraus.

Obwohl ich immer ein Skript für mein Leben im Kopf hatte – mir vorstellte, wie, wann und mit wem etwas zu passieren hatte –, habe ich die wichtigen Entscheidungen letztlich doch aus dem Bauch heraus getroffen und über manches im Rückblick schlicht zu wenig nachgedacht. Ich hätte es sehen können. Man konnte ahnen, wie es ausgeht. Umstehende haben mich einige Male auch auf mögliche Probleme hingewiesen, die ich nicht sehen wollte. Häufig musste ich anschließend, wenn ich meinem inneren Impuls zunächst Raum gegeben hatte, erkennen, dass dies kurzsichtig war. Und ich musste meine Vorstellungen an die Realität anpassen. Beispiele dafür gibt es einige.

Mit 18 Jahren habe ich mich himmelhoch jauchzend spontan verlobt, kurz nachdem ich die Beziehung zu meinem vorherigen Freund gelöst hatte. Mein neuer Partner und ich kannten uns kaum. Und dennoch habe ich es gewagt. Im Nachhinein denke ich, dass es vermutlich gut gewesen wäre, mit meinen Eltern vorher darüber zu sprechen und ihren Rat einzuholen. Aber ich habe ihnen weder von der Trennung noch von der bevorstehenden Verlobung erzählt.

Ein anderes Beispiel: Während des sehr zeitintensiven Studiums habe ich mich zeitgleich auf einen spannenden Job in einer Internetagentur eingelassen, um dann zu realisieren, dass sich beides nicht unter einen Hut bekommen ließ. Deshalb habe ich mein Studium nicht abschließen können.

Immer wieder habe ich bei spannenden Anfragen zugesagt, aus Begeisterung für die Menschen, die mir ihr Anliegen erzählten. Um dann später zu realisieren, dass ich eigentlich keine Zeit dafür hatte – mit Familie und inzwischen zwei kleinen Kindern. Meiner Ehe wollte ich unbedingt eine zweite Chance geben, musste hinterher aber schmerzvoll feststellen, dass ein Miteinander doch nicht gelingt. Und, und, und …

»Selber schuld«, sagt der eine Teil in mir. Ja, stimmt. Und in der Auseinandersetzung mit der eigenen Schuld arbeite ich daran, dieselben Fehler nicht mehr zu wiederholen – immerhin. Manches hatte auch sein Gutes: Viele sehr besondere Erfahrungen in meinem Leben hätte ich ohne mein spontanes, gefühlsorientiertes Entscheiden auch nie erlebt.

Ich bin ein neugieriger Mensch und wollte schon als kleines Mädchen nichts verpassen. Wie ungerecht und langweilig fand ich es, abends ins Bett gehen zu müssen, während »die Großen« hinter der verschlossenen Wohnzimmertür miteinander klönten oder Fernsehen schauten. Nicht selten hab ich mich nach dem Gutenachtsagen auf Zehenspitzen wieder aus meinem Zimmer geschlichen und mir am Rahmen der Wohnzimmertür die Nase platt gedrückt, um mitzubekommen, worüber die Erwachsenen sprachen. In mir herrschte eine große Unruhe, manchmal eine regelrechte Angst, etwas Wichtiges zu verpassen. Schlafen, das hielt ich für reine Zeitverschwendung.

In positiver Weise ein intensiver Lebenshunger – kritisch betrachtet aber auch ein inneres Getriebensein. Ich wollte möglichst viel erleben und auf möglichst vieles eine Antwort haben.

SICHER?

Meine beiden Großmütter waren besondere Persönlichkeiten. Ich habe sie regelmäßig gebeten, mir von ihrem Leben zu erzählen, über ihre Schulzeit, wie sie zu ihren Berufen gekommen sind und ihre Ehemänner kennengelernt haben. Es war spannend zu hören, wie sie als Mädchen und junge Frauen gelebt haben. Beide waren geprägt von schlimmen Zeiten während des Zweiten Weltkriegs. Durch ihre Erzählungen erfuhr ich, auf wie viele Dinge sie hatten verzichten müssen. Und wie sie sich den damaligen Gegebenheiten gefügt haben, weil sie Frauen waren. Vielleicht kommt mein Getriebensein auch aus diesen Eindrücken. Ich wollte mir nie von jemandem sagen lassen, was ich darf und was nicht.

Von klein auf war es nicht meins, zäh und mühsam um Entscheidungen zu ringen. Lieber eine Entscheidung, vielleicht auch vorschnell, aus dem Bauch heraus fällen, als über Wochen damit schwanger zu gehen.

Mittlerweile lerne ich, den Prozess für eine Entscheidung auszuhalten und ihm Raum zu geben. Ich erlaube mir Zweifel und versuche sie in Gesprächen mit Vertrauten zu benennen. Argumente für und wider abzuwägen, sie gegebenenfalls auch laut auszusprechen. Jahrelang glaubte ich, man müsse seine Entscheidungen mit sich alleine ausmachen und der Austausch mit anderen darüber wäre ein Zeichen von großer Schwäche. Ich hatte den Eindruck, ich müsse nach außen stets souverän und sicher in meinen Entscheidungen wirken. Dies war sicherlich auch der Grund für manches vorschnelle Handeln. Sicherlich wären manche Entscheidungen anders ausgefallen, hätte ich mir mehr Zeit damit gelassen. Dass Zweifeln und Abwägen wichtiger Prozesse zum »Menschsein« dazugehören, habe ich inzwischen begriffen. Der Weg dahin war schmerzhaft.

Besser spät als nie.

Jetzt lasse ich Menschen wie Heino, meine beste Freundin und meinen Partner an meinen Gedanken teilhaben … Und ein Stück weit auch Sie, liebe Leserin und lieber Leser.

DIE KRAFT DER LIEBE

BETTINA WULFF Die Liebe setzt sich tatsächlich immer wieder durch, auch gegen alle Ängste, verletzt zu werden. Sie lässt sich weder vom Alltag noch von inneren oder äußeren Zwängen zersetzen. Ja, sie kann trotz aller Enttäuschungen in uns wieder wachsen, selbst unter schwierigsten Bedingungen. Die Liebe hat eine unheimliche Kraft. Wer liebt, der lebt in einem schier grenzenlosen Vertrauen, das mit dem Verstand nicht zu erklären ist. Liebe ist eine treibende Kraft in meinem Leben.

Ich mag das Gedicht »Was es ist« des österreichischen Lyrikers Erich Fried. Es beschreibt wunderbar mein eigenes Empfinden. Einerseits meine Emotionen, andererseits auch die nüchterne Bilanz des Verstandes:

Es ist Unsinn
sagt die Vernunft
Es ist was es ist
sagt die Liebe

Es ist Unglück
sagt die Berechnung
Es ist nichts als Schmerz
sagt die Angst
Es ist aussichtslos
sagt die Einsicht
Es ist was es ist
sagt die Liebe

Es ist lächerlich
sagt der Stolz
Es ist leichtsinnig
sagt die Vorsicht
Es ist unmöglich
sagt die Erfahrung
Es ist was es ist
sagt die Liebe

Erich Fried

»Es ist leichtsinnig, sagt die Vorsicht. Es ist unmöglich, sagt die Erfahrung.« Ja, und doch will ich es wieder versuchen – zu lieben.

Die Liebe ist anfangs wie ein Rausch, unbändig schön. »Schmetterlinge im Bauch« nennt man das Gefühl der frisch Verliebten. Und ja, manchmal kommt es einem tatsächlich in solchen Zeiten vor, als könnte man mit seinem Partner, seiner Partnerin alle Hindernisse wie im Flug überwinden.

Alles scheint perfekt. Dann weicht das rauschhafte Glück oft einer ersten Ernüchterung. Der andere hat auch seine Schattenseiten, eigentlich logisch. Wer hat die nicht? Aber es wird zunehmend schwieriger, die kleinen und großen Ärgernisse, die man nach und nach erkennt, einfach beiseitezuwischen, wie wir es in der Anfangseuphorie sorglos getan haben.

Wir spüren, dass es mit dem anderen doch nicht so locker läuft, wie anfangs gedacht. Die Schmetterlinge sind weitergeflogen, es ist nicht mehr spielerisch leicht, die Tage miteinander zu verleben.

ALLTAGSERFAHRUNGEN

Ein Höhenflug ist nie von Dauer. Konsequent folgt die Landung, manchmal auf holperiger Piste, oft mit einem harten Aufsetzer. Und viele Phasen unseres Lebens gleichen sogar eher einem mühsamen Marsch durch die Hügel- und Berglandschaften des Alltags als einer entspannten Flugreise, bei der wir uns im Sessel zurücklehnen können.

Bergauf, bergab ist der gemeinsame Weg vielleicht längst eine echte Durststrecke. Und es gilt, das Leben mit all seinen Höhen und Tiefen, zum Teil mit heftigen Stürmen und echten Tiefschlägen, gemeinsam zu bewältigen.

Die Marotten, die man sich selbst im Laufe der Jahre angewöhnt hat, fordern das Gegenüber. Und umgekehrt stellt auch der Partner fest, dass es mitunter schwer ist, an der Liebe festzuhalten. Mich mit all dem, was ich so sage, mache, unterlasse, ignoriere oder ruiniere, zu lieben.

Der eine räumt seine Sachen nie ordentlich auf, überall liegt etwas herum. Die andere hat die Angewohnheit, aus einer Mücke einen Elefanten zu machen, und sucht akribisch die Fehler statt Lösungen. Ständig gibt es an diesem und jenem etwas auszusetzen.

Wieder andere haben die Gabe, aus der Zubereitung einer Mahlzeit eine Küchenschlacht zu entwickeln, in kürzester Zeit jede Menge schmutziges Geschirr aufzutürmen und am Ende dem anderen das Putzen zu überlassen. Auch in Sachen Freizeitgestaltung gehen die Meinungen oft auseinander. Die eine verplant das gesamte Wochenende, jede freie Minute, mit Ausflügen und Besuchen. Der andere sehnt sich danach, seine Freizeit im Garten auf der Liege zu verbringen, auszuspannen und in Ruhe ein Buch zu lesen.

Die Vorstellungen vom Leben gehen weit auseinander. Und man fragt sich, ob das alles wirklich auf Dauer auszuhalten ist, ob es gut geht. Eine Beziehung, eine Ehe – das ist eine tägliche Herausforderung. Denn das Miteinander ist stets fragil und verletzlich. Auf die Begeisterung, das Überwältigtsein vom anderen – folgt die Enttäuschung. Der eine oder die andere mag dann den Eindruck haben, wieder an die Falsche, den Falschen geraten zu sein. Nach einigen Höhenflügen samt Abstürzen bin auch ich vorsichtiger geworden, lasse Menschen nicht mehr so euphorisch an mich heran. Das tut mir gut – und meinem Gegenüber auch.

Ich möchte mein Leben gerne mit Menschen teilen, die mir vertraut sind und die mich annehmen, so wie ich bin. Das bedingt, dass auch ich das Ganze mit einem hohen Maß an Vertrauen und Toleranz angehe und über manches hinwegsehe.

In der Bibel wird die Liebe so beschrieben:

»Die Liebe ist langmütig und freundlich, die Liebe eifert nicht, die Liebe treibt nicht Mutwillen, sie bläht sich nicht auf, sie verhält sich nicht ungehörig, sie sucht nicht das Ihre, sie lässt sich nicht erbittern, sie rechnet das Böse nicht zu, sie freut sich nicht über die Ungerechtigkeit, sie freut sich aber an der Wahrheit; sie erträgt alles, sie glaubt alles, sie hofft alles, sie duldet alles. Die Liebe höret nimmer auf … Nun aber bleiben Glaube, Hoffnung, Liebe, diese drei; aber die Liebe ist die größte unter ihnen.«
(1. Korintherbrief)

Langmütig bedeutet »sehr geduldig, nachsichtig«. Ein altes, etwas sperriges Wort mit einem wunderbaren Klang. Mut, ja, den braucht es, wenn man eine verbindliche Beziehung eingehen will.

Und es ist gut, sich die einzelnen Begriffe des Bibeltextes noch einmal Wort für Wort anzusehen.

Die Liebe ist freundlich, eifert nicht, treibt nicht Mutwillen, bläht sich nicht auf, verhält sich nicht ungehörig, sucht nicht das Ihre. Sie freut sich an der Wahrheit. Ehrlich zu sein erfordert Mut, großen Mut. Wenn wir dies alles im Blick haben und zu leben versuchen, kann die Liebe gelingen.

IN DER REALITÄT ANGEKOMMEN

Schnitt – denken Sie an den letzten Streit mit Ihrer Partnerin, Ihrem Partner.

Was ist da alles schiefgegangen?

Hat sich einer von Ihnen beiden in irgendeiner Weise aufgebläht, weil er auf seinem Recht bestanden hat? Hat einer von beiden sich ereifert, in Rage geredet und dann gemein verhalten? War einer von Ihnen mit seinen Forderungen oder Unterstellungen egoistisch? Oder war eine Unwahrheit vielleicht der Auslöser?

Paulus, der Apostel Jesu, der vor fast 2000 Jahren den Brief an die Gemeinde in Korinth schrieb, war anscheinend mit all den Themen, die ein Miteinander, eine Beziehung zerstören können, bestens vertraut. Er kannte sein Gegenüber, er wusste darum, wie man sich dort in Korinth gegenseitig attackierte und die Gemeinschaft darunter litt.

Von Jesus hatte er gelernt, was wahre Liebe ist, dies spiegelt der wunderbare Text, den man gar nicht oft genug lesen kann. Das, was Paulus über die Liebe schreibt, komplett zu beherzigen ist allerdings nahezu unmöglich. Dennoch macht es wohl Sinn, die Messlatte hochzulegen. Denn nur dann, wenn wir immer wieder versuchen, dem Ideal näher zu kommen, wird es uns gelingen, die Liebe zu unserem Gegenüber am Leben zu halten.

Eine Beziehung, eine Ehe funktioniert nur, wenn sie von beiden Seiten immer wieder gewollt wird. Und wir uns das ehrliche Interesse am anderen erhalten, wir wirklich wissen möchten, was ihn beschäftigt, was ihn umtreibt. Worüber sie oder er sich freut und was ihn belastet, was sie oder ihn berührt. Dafür sollten wir uns Zeit nehmen, um herauszufinden, wie stark das Fundament ist.

Und wenn es doch schiefgeht? Wenn das Miteinander zur Qual wird, weil der andere vor allem sich selbst im Blick hat und wir uns auf diese Weise schlicht auseinanderleben? Dann kann ich versuchen, dem mit Liebe zu begegnen und der Beziehung eine weitere Chance geben. Aber in vielen Fällen kommt früher oder später der Punkt, an dem ich mich entscheiden und vielleicht auch trennen muss.

Wenn sich alle Versprechungen, dass es zukünftig besser werden wird, als unhaltbar erweisen. Oder noch schlimmer, wenn auf verbale Attacken vielleicht sogar physische Bedrohung oder absichtliche Verletzungen folgen. Wer schon mehrfach enttäuscht wurde, hat Angst, sich alldem noch einmal auszusetzen.

Natürlich verändern wir uns im Laufe der Jahre. Mit 20 sind wir ein anderer als mit 30, 40 oder 50 Jahren. Wir haben (hoffentlich) dazugelernt, sind innerlich an den Herausforderungen des Lebens gewachsen. Oder wir haben derart viele Enttäuschungen erlebt, dass wir Vertrauen mühsam neu lernen müssen.

Der Partner, den wir früh kennengelernt haben, hat sich ebenfalls verändert – und das nicht nur äußerlich. Die beruflichen Anforderungen sind mehr geworden, heranwachsende Kinder fordern Aufmerksamkeit, die gemeinsame Zeit mit dem Partner ist weniger geworden. Interessen haben sich auseinanderentwickelt, der Freundeskreis hat sich verändert. Man teilt nicht mehr die gleichen Vorlieben. Was früher für beide schön war, nervt den anderen plötzlich.

Das alles weiß man eigentlich vorher. Oder man könnte es ahnen. Aber die Liebe … ist stärker als alle Bedenken und alle Vorsicht.

Natürlich habe auch ich mir gewünscht, dass meine Ehe sämtliche Stürme und Veränderungen überdauert. Aber es kam alles ganz anders. Das schmerzt unfassbar.

Dennoch wollte ich es noch einmal wagen und bin eine neue Beziehung eingegangen. Ich habe wieder alles auf eine Karte gesetzt. Nach dem Motto: »Ganz oder gar nicht.« Ob das richtig oder falsch, naiv oder kurzsichtig ist – das wird sich zeigen. Aber tief im Inneren meiner Seele spüre ich, dass ich so und nicht anders leben will. Ich vertraue darauf, dass es gut wird und die Liebe alle Schwierigkeiten, die vermutlich irgendwann kommen werden, überdauert. Jetzt lerne ich, bewusst mit aufkommenden Störungen in der Beziehung umzugehen, und habe das Vertrauen, Konflikte ansprechen zu dürfen, ohne dafür sanktioniert zu werden. Wenn ich spüre, dass sich ein Missverständnis entwickelt, versuche ich es mit meinen Möglichkeiten wohlwollend anzusprechen – nicht um dem anderen etwas vorzuwerfen, sondern um den vielleicht gerade beginnenden Konflikt zu lösen. Das erfordert Überwindung und Mut. Letztlich fühlt es sich aber immer besser an, den Dissens in Worte gefasst zu haben, ehe er weiter gärend in der Beziehung zwischen uns steht.

Ich habe mich immer nach Liebe gesehnt, nach einem warmen Gefühl des Angenommenseins. Einem Miteinander, ohne mich verstellen und dem anderen permanent etwas »bieten« zu müssen.

Vielleicht waren meine Erwartungen zu hoch – und natürlich habe ich selbst etliche Fehler gemacht. Liebe war jedenfalls bei mir oft mit viel Leid verbunden, das zum Teil auch aus all den übersteigerten Vorstellungen und Erwartungen resultierte, die ich hatte. Erwartungen, die andere gar nicht erfüllen konnten. Es folgten Enttäuschungen und schmerzvolle Trennungen. Ich habe Menschen wehgetan, die ich eigentlich liebte. Das tut mir unendlich leid.

Mittlerweile projiziere ich nicht mehr all meine Erwartungen an eine erfüllte Liebe auf den Menschen an meiner Seite. Der Erwartungsdruck ist einem tiefen Glücksgefühl gewichen, einer Liebe, die sich befreiend und fließend anfühlt. Ich habe gelernt, dass Liebe wachsen kann, wenn ich sie nicht von vornherein mit zu vielen Bedingungen und Anforderungen versehe. Und ich erlaube mir, meinen Gefühlen einen viel größeren Raum zu geben.

Dabei ist es spannend nachzuvollziehen, wie sich manche meiner Vorstellungen über die Jahre gewandelt haben. Am Anfang hatte ich klare Bilder im Kopf, wie die Liebe auszusehen hat: romantische Momente am Strand, gemeinsam verrückte Dinge tun, eine Märchenhochzeit in Weiß mit ganz vielen Gästen und manches mehr. Einiges hat sich später tatsächlich ereignet, aus anderem wurde nichts. Abgeklärter durch vorangegangene Erfahrungen, kam das Gefühl auf, mich viel stärker als zuvor absichern zu müssen. Aber auch das bietet keinesfalls Sicherheit. Berechnend zu handeln, eine Wenn-dann-Klärung, ist in Beziehungsfragen der Anfang vom Ende.

Welchen Herausforderungen ich einmal gegenüberstehen würde, habe ich als junge Frau nicht ansatzweise geahnt. Wie werde ich wohl in zehn Jahren über die Liebe sprechen?

Liebe bleibt ein Geschenk. Sie wird groß, wenn ich auch dem anderen genügend Raum lasse. Sie lebt von der Freiheit, mich für den anderen zu entscheiden – von der Offenheit, das zuzulassen und dankbar anzunehmen, was sich daraus entwickeln kann.

Liebe – das ist, wenn zwei Seelen einander so nah kommen können, dass sie sich wirklich wie eins fühlen. Das vollkommene Vertrauen, die totale Hingabe. Die Idee davon entwickelt sich in jungen Jahren, braucht wohl aber Jahrzehnte, um zu reifen.

So wie sich meine Bilder von Liebe und Beziehung über die Jahre verändert und sich mittlerweile in einen lebendigen Fluss aufgelöst haben, ist auch meine Vorstellung von Gott ein sich verändernder Prozess. Als Kind war es doch eher das Bild des gütigen Mannes mit dem Rauschebart, der im weißen Hemd oben im Himmel wohnt. Als Teenie gab es zum einen tiefe Zweifel, ob Gott überhaupt existiert. Und auch ein blankes Anbetteln, wann immer es mir gerade mal wieder schlecht ging. Dann kam eine Phase tiefer Dankbarkeit und Demut, das Gefühl, gehalten zu werden. Und momentan wächst die Erkenntnis, dass Gott vollkommene Liebe ist.

Ein Lernen, die Dinge mit Liebe zu betrachten und zu beobachten, was sich ereignet. Bei mir, bei anderen, in der Welt. Die vollkommene Liebe, das ist Gottes Liebe zu uns Menschen. Bei ihm habe ich die Gewissheit, ohne Vorbehalte angenommen zu sein. Und diese Liebe ist einfach wunderbar. Wenn ich diese Liebe wirklich fließen lasse, brauche ich irgendwann keine anderen Bilder mehr, wenn ich von Gott spreche.

SEHNSUCHT NACH EINER HAND, DIE UNS HÄLT

HEINO MASEMANN Da ist so etwas wie ein Loch in der Seele eines jeden von uns, eine Sehnsucht. Nach einer Hand, die mich hält. Nach Armen, die mich bergen. Nach Vertrauen, das es verdient. Nach einem Miteinander, das alles erträgt, alles glaubt, alles hofft, alles duldet. Und nicht zuletzt nach einem Zuhause, wo ich geborgen bin. Einem Ort, an dem ich alt werden möchte, bis zum letzten Atemzug. Diese Sehnsucht nach Halt gehört zum Menschsein. Es ist die Sehnsucht nach Liebe. Sie verleiht uns Flügel und brennt manchmal auch wie eine Wunde.

Ich habe durch die Liebe höchstes Glück erlebt. Ich bin wunderbar beschenkt worden. Mit Freude, Erregung, Erfüllung, Seligkeit. Liebe ist voller Überraschungen, kleiner und großer Wunder. Liebe ist das Schönste, was wir Menschen erleben können. Es ist berauschend, einem Menschen zu begegnen und von dem Gefühl ergriffen zu werden: Hier berühren sich Seelen. Wir sind aus demselben Sternenstaub. Und vielleicht sogar zu ahnen: Ich bin jetzt da, wo ich hingehöre!

Lieben und geliebt zu werden, das erweckt die Seele zu ungeahnter Größe. Darum liebe ich gerne und immer intensiv. Mit Seele und mit Leib. Ich kenne aber auch die schmerzvolle Seite der Liebe. Wenn die eigene Liebe nicht erwidert wird. Oder wenn die Liebe, die einmal war, verloren geht. Ich bin durch die Liebe enttäuscht und verletzt worden. Und ich habe andere enttäuscht und verletzt, wenn es um die Liebe ging. Ich bin auch an anderen schuldig geworden.

Ich wollte so gerne lieben, bis dass der Tod uns scheidet. Das hatte ich aus tiefstem Herzen versprochen. Aber ich habe es letztlich nicht geschafft.

Es ist fast wie ein Wunder, aber: Auch wenn wir scheitern, bleibt in jedem von uns, allen schweren Erfahrungen zum Trotz, immer der Wunsch nach Liebe. Lieben und geliebt zu werden, danach sehne ich mich – und das ist wohl das Schönste, was ich im Leben erlebe.

Die Bibel ist voller Geschichten, in denen es um genau diese Sehnsucht geht. Einmal, so wird erzählt, begegnet Jesus einer Frau, die aus einem Brunnen Wasser schöpfen möchte. Zu dieser Frau sagt Jesus sehr unvermittelt: »Fünf Männer hast du gehabt, und der, den du jetzt hast, ist auch nicht dein Mann …«

Manche Ohren hören das als moralischen Vorwurf. Aber Jesus ist nicht der mit dem erhobenen Zeigefinger. Das sind andere. Das sind vielleicht du und ich. Jesus geht es immer um den Menschen und hier vor allem um unsere Sehnsucht. Er thematisiert in dieser Szene am Brunnen, dass er etwas vom Schmerz im Leben dieser Frau ahnt. Fünf Männer hat sie gehabt. Also auch fünf Trennungen, fünf Abschiede. Und jetzt hat sie den sechsten Mann. Ihre Sehnsucht nach Liebe scheint an kein Ende zu kommen. Sie dürstet immer noch danach. Und darauf spielt Jesus an.

Die Sehnsucht nach Liebe vergeht nie, selbst dann nicht, wenn ich von der Liebe enttäuscht bin, wenn ich vielleicht am liebsten damit abschließen würde. Weil ich – wie die Frau, der Jesus begegnete – verlassen wurde oder verlassen habe. Weil ich mich geschieden habe oder geschieden wurde. Einmal, zweimal – oder fünfmal! Aber Jesus hat immer noch Hoffnung für diese Frau. Er sagt: »Wenn du mich bitten würdest, dann könnte ich dir geben, was du wünschst. Wonach du dich sehnst.« Er selbst ist die Inkarnation der Liebe, nach der wir uns alle sehnen.

An einer anderen Stelle der Bibel steht: »Ohne Liebe bin ich nichts.« Und weiter dann: »Die Liebe ist langmütig und freundlich … sie sucht nicht das Ihre, sie lässt sich nicht erbittern … sie erträgt alles, sie glaubt alles, sie hofft alles, sie duldet alles.« (1. Korintherbrief). Als ich diese Worte das erste Mal in meinem Leben las, war ich 17 Jahre alt und davon tief berührt. Ich dachte: »Ja. So ist das mit der Liebe. Ich ahne es. So rein, so ungetrübt, so schön muss sie sein. Paradiesisch!«

Heute, nach all meinen Erfahrungen mit der Liebe, kommen mir diese Worte wie der Berggipfel in einem unerreichbaren Paradies vor. Weil ich immer wieder erlebt habe und erlebe: So einfach ist das nicht mit der Liebe. So einfach ist das nicht mit der Liebe für mich als Sohn. Für mich als Bruder. Für mich als Mann. Für mich als Vater. Und auch nicht für mich als Christ. Meine Liebe ist und bleibt brüchig, begrenzt. Ich bleibe den Menschen, die mein Leben begleiten, manches schuldig.

In unserer Sehnsucht nach einer Hand, die uns hält, nach Armen, die uns bergen, nach einem Zuhause spiegelt sich die Ahnung von der großen Liebe, die hinter unserem Leben steht: Gott. Ihm verdanken wir alles. Und unser Herz ist unruhig, bis wir bei ihm zur Ruhe kommen.

Jesus ist das Gesicht der Liebe Gottes. Sein Leben, sein Reden, sein Leiden, sein Sterben sprechen eine klare Sprache. Und seine Auferstehung ermöglicht uns bis heute die Erfahrung, dass eine Hand mich hält, dass Arme mich bergen, dass ich begründet vertrauen kann, dass einer alles erträgt, alles glaubt, alles hofft, alles duldet. Mich selbst von Gott geliebt zu wissen, stärkt mir den Rücken, es immer wieder neu mit der Liebe zu wagen. Allem Scheitern, allem Versagen, aller Enttäuschung, aller Traurigkeit, allem Schmerz zum Trotz.

DAS BESTE KOMMT NOCH!

HEINO MASEMANN Für mich ist jeder meiner Geburtstage ein Grund zum Feiern. Ich bin dankbar für jedes Jahr, weil ich weiß, dass es absolut nicht selbstverständlich ist, älter zu werden. Dafür habe ich schon an zu vielen Gräbern gestanden. Und eben auch so manchen Menschen, der jünger war als ich, verabschieden müssen. Dankbar fürs Älterwerden bin ich zudem, weil ich im Blick auf die »zweite Hälfte« des Lebens denke: Das ist jetzt auch die bessere Hälfte!

Die Kindheit, die Jugend und das Erwachsenwerden, das waren wunderschöne Zeiten. Trotz aller für mich damit verbundenen »Irrungen und Wirrungen« möchte ich sie nicht missen. Schule und Ausbildung, der Start in den Beruf, die erste große Liebe – vieles war in Bewegung. Und vieles schien möglich. Aber es gab auch Schattenseiten, Ängste und Sorgen, harte Brüche.

Von all diesen Erfahrungen profitiere ich jetzt, in der Lebensmitte. Die Erfahrungen aus der ersten Hälfte meines Lebens sind ein Reservoir, aus dem ich für die noch kommenden Jahre schöpfen kann. Und schon jetzt schöpfe. Ich bin heute geduldiger als früher. Etwas zumindest. Ich habe gelernt, dass ich Entscheidendes nicht erzwingen kann, sondern dass sich vieles im Leben erst mit der Zeit »zurechtruckelt«. Und so gehe ich die kommenden Jahre entspannter an, weil ich um Möglichkeiten und Grenzen weiß. Und mit den Herausforderungen der Liebe, mit ungewollten Abschieden und selbst mit der Endlichkeit des eigenen Lebens kann ich inzwischen auch besser umgehen.

Die Zeit, die vor mir liegt, breitet sich wie ein warmer, sonniger Herbsttag vor mir aus. So vieles ist immer noch möglich! In der Mitte des Lebens liegt das Beste vielleicht noch vor uns. Es ist nicht nur die Zeit des Wachsens und Reifens, sondern insbesondere auch der Lebensabschnitt, um die Früchte des Lebens zu ernten.

Wenn ich nur auf das schaue, was ich leiste, auf das, was ich noch leisten kann – dann ist klar, dass es mit uns ab der Lebensmitte nur noch bergab geht. Aber das Leben besteht aus mehr als unserer Leistung. Die Bibel sieht unser Leben als eine Abfolge verschiedener Zeiten. Als Abfolge von Zeiten, die der Schöpfer aller Dinge wohlgeordnet hat. Im alttestamentlichen Buch des Predigers Salomo heißt es:

Ein jegliches hat seine Zeit,
und alles Vorhaben unter dem Himmel hat seine Stunde:
Geboren werden hat seine Zeit,
sterben hat seine Zeit;
weinen hat seine Zeit,
lachen hat seine Zeit;
klagen hat seine Zeit,
tanzen hat seine Zeit;
suchen hat seine Zeit,
verlieren hat seine Zeit;
lieben hat seine Zeit,
hassen hat seine Zeit;

Streit hat seine Zeit,
Friede hat seine Zeit.

Das Bibelwort schließt mit der Aussage:

Gott hat alles schön gemacht zu seiner Zeit,
auch hat er die Ewigkeit in das Herz des Menschen gelegt;
nur dass der Mensch nicht ergründen kann das Werk, das Gott tut,
weder Anfang noch Ende.

Wie der Gärtner ein Samenkorn, so hat Gott unser Leben »gepflanzt« – im Hinblick auf die spätere Ernte. Und bis zur Ernte hat alles Zeit, um zu wachsen und reif zu werden.

Besondere Herausforderungen gehören zu unserem Leben. Alles hat seine Zeit. Auch schweren Zeiten gilt es nicht auszuweichen – wir können ihnen mit der Gewissheit begegnen: Gott ist da, als die große Liebe hinter meinem Leben. Und er hat allem eine bestimmte Zeit eingeräumt. Eine begrenzte Zeit. Darum lasse ich mich nicht aufhalten. Und immer wenn es in meinem Leben schwierig ist, denke ich an einen Vers aus dem 31. Psalm der Bibel. Es ist das Wort, mit dem ich einst meinen Vater beerdigt habe. Dort heißt es: »Meine Zeit (Gott) steht in deinen Händen.« Mit anderen Worten: Meine Zeit, mein Leben vergehen nicht »einfach so«. Die Zukunft liegt in Gottes Händen. Mein Leben läuft nicht wie ein aufgezogenes Uhrwerk ab, sondern es durchläuft verschiedene Phasen, auf ein Ziel hin.

Wenn meine Zeit in Gottes Händen steht, dann hat alles, was mir auf dem Lebensweg widerfährt, seinen Sinn. Nicht nur die Freude, auch der Schmerz. Nicht nur die Erfüllung, auch das Warten. Nicht nur das Glück und die Liebe, auch die Not und das Leiden.

Und so kann ich bei alldem gewiss sein: Gott liebt mich. Und das Beste kommt noch!

Je älter ich werde, desto schneller treffe ich Entscheidungen. Insbesondere weitreichende. Eben weil die mir verbleibende Lebenszeit immer kürzer wird und umso wertvoller ist. Ich möchte meine Zeit mit den Menschen teilen, die mir lieb sind, und mit den Aufgaben, Fragen und Dingen zubringen, die ich für wichtig halte. Deshalb bin ich beispielsweise mit meiner Lebensgefährtin zusammengezogen, nachdem wir uns ein gutes Jahr lang kannten. Wir haben – ohne Wenn und Aber – relativ schnell die Entscheidung für eine gemeinsame Wohnung getroffen, weil wir beide wissen, dass unsere Zeit begrenzt und kostbar ist.

Das Leben ist kein Kreis. Das Leben ist eine Linie! Der Anfang dieser Linie ist meine Geburt, der Endpunkt der Linie ist mein Tod. Und ich lebe »auf dieser Linie« zwischen dem Heute und dem Endpunkt. Ohne zu wissen, wie weit dieser Endpunkt noch von meinem Heute entfernt ist. Ich möchte alle noch verbleibenden Tage als besonderes Geschenk nehmen, möchte so bewusst wie möglich leben! Darum hängt in meinem Arbeitszimmer das Maßband, von dem Bettina schon erzählte. Es zeigt die Zahlen von 0 bis 80. Das ist die durchschnittliche Lebenserwartung eines Mannes in meinem Alter. Von diesem Maßband schneide ich an jedem Geburtstag einen Zentimeter ab. Gegenwärtig sind noch 23 Zentimeter verblieben.

Das stetig kürzer werdende Maßband stellt mir immer wieder die Frage: Wie will ich die begrenzte Zeit meines Lebens verbringen? Mit welchen Menschen möchte ich sie teilen – und mit welchen nicht? Wofür lohnt es sich, in dieser Zeit zu arbeiten – und wofür nicht? Welche Ziele sind »groß« genug, um meine Zeit dafür zu investieren – und welche nicht?

Angst macht mir das kürzer werdende Maßband nicht. Denn

ich weiß ja auch: Meine Zeit zu leben ist nicht nur begrenzt – sie steht zuallererst und vor allem in der Hand Gottes.

In diesem Wissen feiern meine Lebensgefährtin und ich seit einigen Jahren den Jahreswechsel. Wir pflegen ein persönliches Ritual: Nach dem Gottesdienst zum »Altjahresabend« setzen wir uns an Silvester in eine ruhige Ecke meines alten Bauernhauses, öffnen eine Flasche hervorragenden Weines und überlegen: Wie war das zu Ende gehende Jahr? Für welche Begegnungen mit Menschen, für welche Ereignisse und Erfahrungen sind wir dankbar? Wie und mit welchen Menschen möchten wir auch im neuen Jahr unsere Lebenszeit teilen?

Wir schreiben das am Neujahrsabend auf. Am Jahresende schauen wir dann, was aus unseren Vorsätzen geworden ist – und welche wir mit in das kommende Jahr hinübernehmen möchten.

Ich empfinde es als Vorrecht, mein Leben so sortieren zu können. Denn ich möchte immer mehr der werden, der ich wirklich bin. So, wie Gott mich gedacht hat.

Wenn ich heute entschlossener und unerschrockener Entscheidungen treffe, dann hängt das auch damit zusammen, dass im Laufe der letzten Jahre das Thema Tod deutlich präsenter geworden ist. Als Pastor erlebe ich immer wieder hautnah mit, dass Sterben und Tod eines Menschen die »Nagelprobe« für ihn selbst, seine Familie und seine Freunde sind.

Und ich frage mich: Wer hält noch zu mir, wenn meine Kräfte nachlassen, wenn ich nichts mehr »zu bieten« habe und »nichts mehr bringe«? Wer ist dann an meiner Seite?

Es sind die Menschen, denen ich wirklich wichtig bin.

Wenn meine Zeit auf dieser Erde zu Ende geht – von wem möchte ich mich noch verabschieden?

Wen möchte ich dann in meiner Nähe haben? Wer darf, wer soll dann meine Hand halten, mir zärtlich über den Kopf streicheln?

Es sind die Menschen, die mir wirklich wichtig sind. Und diesen Menschen möchte ich nicht erst an meinem Sterbebett nahe sein, sondern vor allem jetzt, mitten im Leben. Ganz konkret wird das für mich beispielsweise darin, dass ich in jeder Woche versuche, mit meinen Töchtern zu telefonieren. Mit meiner Tochter in Hamburg am Sonntagabend. Mit meine Tochter in Kopenhagen am Donnerstagabend. Und mit meiner Tochter in Berlin am Dienstagabend.

»Nicht zu lange warten« – diese Einsicht führte mich auch zu Entscheidungen, die mit schmerzhaften Brüchen in meinem Leben einhergingen. Etwa, wenn ich mich von Menschen getrennt habe, weil ich nach reiflichem Überlegen zu der Auffassung kam, dass unsere gemeinsame Zeit zu Ende sei.

Traurig machen mich die Chancen, die ich versäumt habe. Erst im Rückblick wurde mir klar, dass ich manche Entscheidungen »ausgesessen« habe, in der Hoffnung, dass sich etwas auch ohne mein Zutun ändern wird. Weil ich nicht wahrhaben wollte, dass sich ein Traum nicht erfüllen würde und ich ihn aufgeben müsste. Dass ich bestimmte Ziele nicht erreicht hatte.

In manchen Lebensphasen hatte ich auch schlicht Angst, falsche Entscheidungen zu treffen oder vielleicht zu »voreilig« zu sein. Diese Zeiten, die in vielerlei Hinsicht »Hängepartien« waren, haben mich, das ist mir heute klar, körperlich und auch seelisch ausgelaugt. An manchen dieser »Verbiegungen« arbeite ich mich heute noch ab.

Es ist vielfach nicht leicht, Entscheidungen zu treffen. Klar ist aber auch: Wenn ich mich nicht entscheide, dann wird oft von anderen für mich entschieden!

Natürlich habe ich auch oftmals die verkehrte Wahl getroffen. Falsche Entscheidungen zu korrigieren ist meistens schmerzhaft. Aber ich kann sie fast immer rückgängig machen. Und das ist dann letztlich oft auch heilsam. Denn ich bekomme dann die Freude am Leben zurück.

Mir ist im Rückblick und im Ausblick auf die Entscheidungen meines Lebens wichtig geworden: Den Dingen, die ich nicht ändern kann, möchte ich mit Gelassenheit begegnen. Und die Dinge, die ich ändern kann, möchte ich mutig ändern! Ich bin bereit anzunehmen. Und ich bin bereit zu handeln. In diesem Sinne möchte ich einen Tag nach dem anderen leben – und einen Moment nach dem anderen genießen.

VON GUTEN MÄCHTEN

BETTINA WULFF In manchen Momenten des Lebens, vor allem in den sehr traurigen, schmerzhaften Phasen, in denen ich mich innerlich zerrissen fühlte, wunderte ich mich über mich selbst: über dieses tiefe Gefühl des Getragenseins durch Gott. Fast alles in meinem Leben kann auseinanderbrechen, zerstört werden. Aber die Gewissheit, dass mein Glaube mich immer trägt, ist unverrückbar.

Von außen könnte man sagen: »Wie naiv, woher willst du das wirklich wissen? Hast du einen Beweis? Wie kannst du einem Gefühl dein Leben anvertrauen?« Aber diese unzerstörbare »feste Burg«, die in einem alten Kirchenlied besungen wird, hat sich in mir seit meiner Jugendzeit als tragfähiges Fundament Stück für Stück entwickelt. Die Mauern dieser Burg werden über die Jahre immer dicker – ein großes Glück, das ich gerne annehme!

»Von guten Mächten wunderbar geborgen, erwarten wir getrost, was kommen mag. Gott ist mit uns am Abend und am Morgen und ganz gewiss an jedem neuen Tag«, diese Zeilen von Dietrich Bonhoeffer betete ich häufig mit meinem jüngeren Sohn vorm Schlafengehen. Sie fassen das Gefühl in Worte, das mich trägt:

Selbst wenn es ganz dick kommt, die Situation einfach schrecklich ist – Gott lässt mich nicht allein und bringt mich durch alles durch!

Das ist Gewissheit für mich. Etwas, was für mich auch fest mit der Erfahrung von Kirche verbunden ist.

Den Weg zu Gott hat mir einer unserer damaligen Gemeindepastoren im Konfirmandenunterricht schmackhaft gemacht. Ein fröhlicher, offener Mensch mit unkonventionellen Ideen, dem es gelang, in uns Teenagern Neugier zu wecken.

Der Glaube war bei uns zu Hause kein allzu großes Thema. Und wir waren keine regelmäßigen Kirchgänger. Aber dieser Pastor schaffte es, mich im Konfirmandenunterricht zu begeistern. Das war keine öde Pflichtveranstaltung, das war für mich ein Highlight. Er lud uns fröhlich dazu ein, über Gott und Glaube nachzudenken. Wir mussten nichts auswendig lernen und aufsagen – wir lernten, über Themen zu reden, die uns in unserem Leben gerade beschäftigten. Der Pastor holte uns da ab, wo wir gerade standen. Mit ihm haben wir bei Kerzenlicht vor dem Altar gesessen und gesungen, durften in der Kirche übernachten und haben später auch gemeinsam vor dem Schulbeginn Frühgebete mit anschließendem Frühstück organisiert. Heute ist das übrigens der »Renner« in der Gemeinde – Junge und Alte begrüßen gemeinsam den neuen Tag mit Gebet und Gesang in der Kirche und frühstücken im Gemeindehaus. Für mich ein Zeichen, wie sehr Menschen nach Gemeinschaft und Werten suchen.

In dieser wichtigen Findungsphase, in der wir als Teenager alle eigentlich nur mit uns selbst beschäftigt waren, hatte unser Pastor es geschafft, ein Gemeinschaftsgefühl entstehen zu lassen.

Es gab einen Raum, in dem man über seine Gedanken – was Gott für einen eigentlich bedeuten könnte – offen reden konnte. Damals habe ich eine Idee davon bekommen, dass ich eine direkte

Verbindung zu Gott aufbauen kann. Diese Gespräche mit ihm und untereinander, die Gemeinschaft und das gute Gefühl, ernst genommen zu werden, haben mir Orientierung gegeben. Eine Orientierung, die in mir ganz langsam etwas wachsen ließ: Vertrauen zu Gott, Glaube.

Seit Kindertagen habe ich ein Faible für Kirchen und Friedhöfe. Bin ich in einer fremden Stadt, werde ich von Gotteshäusern und Orten der Besinnung geradezu angezogen. Unabhängig davon, um welche Konfession es sich handelt. Es hat etwas Vertrautes und doch auch immer etwas Neues, Überraschendes. Je nach Epoche, Architektur und Gestaltung hat jeder Ort eine ganz eigene Aura, einen besonderen inneren »Klang«. Kirchengebäude berühren mich durch ihre Stille, durch den besonderen Geruch und das Licht, das durch die gestalteten Fenster fällt. Ich weiß um die vielen Menschen, die dort Ähnliches fühlen wie ich. Auf diese Weise sind wir miteinander verbunden, auch wenn wir uns nicht persönlich kennen. Ich bin Teil einer weltweiten Gemeinschaft von Gläubigen.

Einmal hatte ich die Möglichkeit, in einer der unterirdischen Kirchen der ersten Christen in Kappadokien zu beten. Ein anderes Mal durfte ich einen ruhigen Moment ganz allein in der Geburtskirche in Bethlehem erleben – und dachte: Hier hat alles begonnen. Hier kam Jesus zur Welt. Diese beiden Orte sind mit ganz besonderen Schlüsselmomenten meines Glaubens verbunden.

Der Pastor aus meiner Jugendzeit ist später bei einigen aus unserer Gemeinde angeeckt, weil er ihnen zu »modern« und unkonventionell war. In der Kirche nach den Frühgebeten gemeinsam frühstücken? Nur bei Kerzenlicht Gottesdienst feiern? Das ging für viele konservative Gemeindemitglieder zu weit.

Nach einigen Jahren ist er deshalb wohl mürbe geworden und hat die Gemeinde verlassen. Für mich war das ein schwerer Schlag. Und ich verstehe bis heute diejenigen nicht, die das aus meiner Sicht damals zu verantworten hatten. Umso schöner ist es, dass er und seine Frau nach seiner Pensionierung wieder zurück in unsere Gemeinde gezogen sind. Auch wenn wir uns heute nur noch sporadisch auf der Straße begegnen, erfüllt es mich jedes Mal mit warmer Dankbarkeit.

Meine beiden Söhne haben wir bewusst im Babyalter taufen lassen. In der tiefen Überzeugung, dass der christliche Glaube auch ihnen eine Orientierung geben kann. Ich möchte meinen Kindern das Leben von Jesus Christus und den Glauben näherbringen, weil er mir selbst Kraft und Halt gibt.

ALLES NEU

HEINO MASEMANN Dankbarkeit – das ist das beherrschende Gefühl, wenn ich heute, in der Mitte meines Lebens, auf alles Gewesene zurückblicke. Nicht, weil alles immer gut war, was mir in den zurückliegenden Jahren widerfuhr. Nicht, dass ich alles immer richtig gemacht hätte. Oh nein! Ich habe ja, direkt oder zwischen den Zeilen, in diesem Buch immer wieder davon erzählt: Ich weiß etwas vom Schmerz. Ich kenne Angst und Leid aus eigener Erfahrung. Ich bin manches Mal schuldig geworden an Menschen. Und auch an Gott.

Aber Dankbarkeit ist das »Lebenskapital«, das sich in meinem Leben angesammelt hat. So vieles war da in den ersten 50 Jahren, das ich als Geschenk empfinde.

Zugleich möchte ich in der Mitte meines Lebens auch einiges von dem, was war, getrost zurücklassen. Und ich weiß, ich darf es bei Gott ablegen. Und ich bin gespannt auf alles Neue, was noch auf mich wartet.

Manches möchte und werde ich noch verändern, ausprobieren, entdecken. Das ist die Herausforderung und Chance zugleich – zu wissen, dass ich noch manches neu »justieren«, mich neu »positionieren« kann!

Gott repariert nicht. Gott renoviert nicht. Gott restauriert nicht. Gott kreiert.

Er ist Schöpfer und schafft etwas ganz Neues! Und das nicht erst im Himmel, sondern schon hier auf Erden. Hier möchte er die Geschichte unseres Lebens schreiben. Gut schreiben. Und durch uns die Geschichte dieser Welt. Das habe ich in den vergangenen Jahren immer wieder erlebt. Und so bin ich nun gespannt darauf, wie es jetzt weitergeht. Trotz aller Unwägbarkeiten weiß ich doch dies eine: Alles wird neu durch Gottes lebendigen Geist. Und ich darf Teil davon sein. So, wie Martin Luther das einst formulierte:

Das christliche Leben ist nicht ein Frommsein,
sondern ein Frommwerden.
Nicht ein Gesundsein,
sondern ein Gesundwerden.
Nicht ein Sein,
sondern ein Werden.
Nicht eine Ruhe,
sondern eine Übung.
Wir sind's noch nicht,
wir werden's aber.
Es ist noch nicht getan und geschehen;
es ist aber im Gang und im Schwang.
Es ist nicht das Ende,
es ist aber der Weg.
Es glüht und glänzt noch nicht alles,
es bessert sich aber alles.

EPILOG

Die erste mir bewusste steile Treppe war die am Bahnhof in Großburgwedel. Vielleicht 30 große Stufen hoch zum Bahndamm. Wie oft bin ich sie als junges Mädchen hochgehastet, wenn es knapp war, um den Zug in die Stadt noch zu erwischen.

Die Treppen im Schulgebäude, in der Uni, ich habe sie mehr oder weniger leichtfüßig genommen.

Dann die Treppenhäuser im Bürogebäude meines ersten Arbeitgebers. Die Stufen der Gangway, als ich für die Firma eine Delegationsreise nach Afrika organisierte, auf der ich meinen späteren Ehemann kennenlernte. Das geschwungene Holzgeländer im Treppenhaus von Schloss Bellevue, die Stufen, die ich dort Seite an Seite mit meinem damaligen Ehemann beschritt. Stufen herrschaftlicher Botschaftsgebäude in vielen Ländern der Welt. Und rote Teppiche, die die Schritte dämpften.

Stufe um Stufe gehen wir durchs Leben. Wir denken uns nicht viel dabei, wenn wir einen Fuß vor den anderen setzen. Laufen munter drauflos, das Ziel vor Augen.

Beim Aufstieg schauen wir nach vorne. Und es ist meist keine Option, irgendwo einfach stehen zu bleiben. Manchmal muss man zurück, weil die Kraft nicht reicht oder Unerwartetes eintritt. Vielleicht ein heftiges Gewitter, Sturm. Und ja, Abstiege gehören im Leben dazu.

Ein guter Freund sagte mir einmal: »Fünf Meter unter dem Gipfel ist die Aussicht fast genauso schön wie ganz oben – aber der Wind bläst nicht ganz so rau.« Den Satz konnte ich jahrelang nicht gelten lassen – ich hatte stets den Druck, *alles* erreichen zu müssen. Auf dem Gipfel anzukommen, das zählte, den beschwerlichen und harten Weg dorthin muss man eben aushalten.

Seit geraumer Zeit sammele ich die Erfahrung, wie lebendig und warm sich das Leben anfühlt, wenn ich mich dem rauen Wind »ganz oben« nicht mehr aussetze. Ich muss mich nicht mehr permanent in Acht nehmen und mich vor unerwarteten Böen schützen. Ich darf auch selbst in meinem Umgang mit anderen Menschen eine weiche Seite zeigen. Und es eröffnen sich andere, wirklich schöne Aussichten. Denn das Leben besteht eben nicht nur aus Kämpfen und Ringen, aus Aufstiegen und Siegen – es besteht auch einfach aus schönen Räumen, die uns einladen, sie Schritt für Schritt zu durchwandern.

Im Rückblick wird einem manches klarer. In diesem Buch haben Heino Masemann und ich Sie auf eine innere Reise mitgenommen. Denn wir beide haben erfahren, wie vielschichtig und oftmals krisenhaft die Zeit sein kann, die wir als Lebensmitte bezeichnen. Und wie beglückend es ist, irgendwann neu zu spüren, wohin die eigene Reise wirklich geht.

»Es kam ganz anders als gedacht.« Wer kann das nicht mit Blick auf seine Lebensträume sagen?

Bettina Wulff

Foto: Julia Baumgart Photography

Bettina Wulff, Jahrgang 1973, war die Ehefrau des ehemaligen deutschen Bundespräsidenten Christian Wulff. Sie haben einen gemeinsamen Sohn. Vor der Präsidentschaft ihres Mannes arbeitete sie als Pressereferentin für ein DAX-Unternehmen und machte sich später mit einer Kommunikationsagentur selbstständig. Mit Heino Masemann verbindet sie eine jahrelange Freundschaft.

Heino Masemann, Jahrgang 1961, ist evangelisch-lutherischer Theologe und Pfarrer. Er arbeitet als Geschäftsführer des Landesvereins für Innere Mission Hannover und ist u. a. für die Arbeit im »Expowal – eine unglaubliche Kirche« verantwortlich. Mit Bettina Wulff verbindet ihn eine jahrelange Freundschaft.

Quellennachweis:
Erich Fried, Was es ist; aus: Es ist was es ist. Liebesgedichte Angstgedichte Zorngedichte © 1983, 1994, 1996 Verlag Klaus Wagenbach

Alle Bibelstellen wurden entnommen aus:
Lutherbibel, revidiert 2017, © 2016 Deutsche Bibelgesellschaft, Stuttgart

Aus Verantwortung für die Umwelt hat sich die Verlagsgruppe Droemer Knaur zu einer nachhaltigen Buchproduktion verpflichtet. Der bewusste Umgang mit unseren Ressourcen, der Schutz unseres Klimas und der Natur gehören zu unseren obersten Unternehmenszielen. Gemeinsam mit unseren Partnern und Lieferanten setzen wir uns für eine klimaneutrale Buchproduktion ein, die den Erwerb von Klimazertifikaten zur Kompensation des CO_2-Ausstoßes einschließt.
Weitere Informationen finden Sie unter: www.klimaneutralerverlag.de

Besuchen Sie uns im Internet:
www.bene-verlag.de

FSC www.fsc.org
MIX
Papier aus verantwortungsvollen Quellen
FSC® C014496

Originalausgabe März 2020

Ein Imprint der Verlagsgruppe
Droemer Knaur GmbH & Co. KG, München.

Konzept und Lektorat: Stefan Wiesner
Cover- und Innengestaltung: Maike Michel unter Verwendung eines Fotos von Julia Baumgart
Druck und Bindung: GGP Media GmbH, Pößneck
ISBN 978-3-96340-100-8

5 4 3 2 1